FINS DO SEXO
COMO FAZER POLÍTICA SEM IDENTIDADE

Coordenação editorial:
Cauê Seignemartin Ameni, Hugo Albuquerque, Manuela Beloni

Revisão e preparação: Márcia Ohlson

Capa e Diagramação: Rodrigo Corrêa/@cismastudiocisma

Dados Internacionais de Catalogação na Publicação (CIP)
(eDOC BRASIL, Belo Horizonte/MG)

M838f

Moreira, Maíra Marcondes.
Fins do Sexo: como fazer política sem identidade / Maíra Marcondes Moreira; prefácio Rita Von Hunty. – São Paulo, SP: Autonomia Literária, 2022.
152 p. : 14 x 21 cm

ISBN 978-65-87233-77-2

1. Ciências sociais. 2. Mulheres na política. 3. Feminismo. I.Hunty, Rita Von. II. Título.

CDD 323.34

Elaborado por Maurício Amormino Júnior – CRB6/2422

FINS DO SEXO
COMO FAZER POLÍTICA SEM IDENTIDADE

MAÍRA MOREIRA
PREFÁCIO DE RITA VON HUNTY

Para Elizabeth Vitório, um primeiro esforço.
Para meu pai retornar de viagem.

AGRADECIMENTOS

À Jacqueline Moreira, pela generosidade intelectual e afetuosa.

À Puc Minas, por me proporcionar um espaço de intenso debate acadêmico e político – como o fazem as boas Universidades. À Fapemig e à Capes por permitirem que eu o fizesse.

Aos meus colegas do grupo de orientação de filosofia da USP, Estilhaço, por me apresentarem diferentes autores e sistemas filosóficos e ao Vladimir Safatle, pela acolhida no grupo.

Ao Victor Marques e ao Cauê Ameni pela aposta no presente escrito. Às editoras independentes.

Às vivências políticas dentro e fora da UFMG e aos coletivos e espaços de resistência que frequentei e frequento, por me colocarem em movimento.

Às amigas Clara Ratton, pelo novo e Vivian Gonçalves, pelo certo. À Carolina Siqueira, pela coragem.

Aos professores Cláudia Mayorga, Fabian Fajnwaks, Andrea Guerra e Alice Serra e ao meu amigo e parceiro intelectual, Alvaro Oliveira, pela leitura crítica do meu texto.

Ao meu pai e professor, Roberto Moreira e à minha mãe Miriam Marcondes, pela capacidade especulativa.

Ao meu irmão Túlio Moreira, pelo gosto partilhado por tudo aquilo que chamam de ciência.

Ao meu marido, Lucas Lopes, para quem as palavras são sempre poucas. Por me convidar a dizer (*escreva!*) mais, ainda.

E ao Jorel, que me fez companhia até que encerrasse o livro e depois.

PREFÁCIO
Afinal, o que querem os corpos subalternizados?

Rita von Hunty

Tenho à minha frente uma tarefa que me é muito cara. Em dois sentidos: ela me é muito preciosa, mas também muito custosa. Você está prestes a ler um texto que, espero, operará um deslocamento na sua forma de ver, pensar e agir sobre o mundo – isto se não houver uma resistência ou recusa, e então o espaço da análise lhe poderia ser muito proveitoso – se houver disposição.

Este primeiro parágrafo tenta fazer uma espécie de brincadeira bem humorada na mesma linha da discussão deste brilhante manifesto de Maíra Marcondes Moreira, sobre como a psicanálise pode ser um modo e um meio de intervenção social e política aliada aos (e por que não defrontada/deformada pelos) estudos feministas e queer num aporte de crítica anticapitalista.

A urgência de sua leitura e debate nos é bastante conhecida: vivemos um tempo de acirramento democrático, mas não tão somente. O curso de colapso das ideias democráticas (mais no sentido de "emancipadoras" e menos no de "republicanas") faz com que olhemos à nossa volta e nos indaguemos sobre o futuro, o sentido e mesmo o significado de nossa humanidade.

Reescrevo este prefácio nos primeiros dias de julho de 2021, em meio à maior crise sanitária e humanitária de nosso passado recente; o Brasil ultrapassa a abismal marca de 530 mil vidas encerradas pela política de morte de um Estado suicidário[1] que opera uma gramática perversa da crueldade; mais da metade dos brasileiros enfrenta algum grau de insegurança alimentar[2] e três destaques recentes do debate social e midiático no país são sobre (i) o presidente da república ter dito, em suas redes sociais, que "cagou" para os rumos, descobertas e questionamentos da Comissão Parlamentar de Inquérito que investiga a desastrosa lida do poder executivo com a pandemia; (ii) a força tarefa da polícia ter fechado mais uma festa clandestina em um bairro elitizado de São Paulo que reuniu e aglomerou cerca de 500 pessoas que pagaram mais de 1.600 reais por ingresso e (iii) um vídeo chocante que mostra um famoso Dj brasileiro agredindo, em mais de uma situação, sua ex-parceira e um bebê recém-nascido. O Dj tem ganhado seguidores nas redes sociais após a denúncia.

Em momentos de barbárie como o que atravessamos, é esperado que grupos/setores e mesmo expoentes de campos da intelectualidade e de movimentos sociais produzam manifestos. Este é um pelo qual eu esperava e que me toca, me

---

[1] Ver o texto *Bem Vindo ao Estado Suicidário* de Vladmir Safatle, originalmente publicado em 2020 pela N-1 Edições.

[2] Cf. *Efeitos da pandemia na alimentação e na situação da segurança alimentar no Brasil,* pesquisa coordenada pelo Grupo de Pesquisa Alimento para Justiça: Poder, Política e Desigualdades Alimentares na Bioeconomia, da Freie Universität Berlin (Alemanha), em parceria com pesquisadoras/es da Universidade Federal de Minas Gerais (UFMG) e Universidade de Brasília (UnB).

contempla e me compele profundamente no sentido de uma práxis transformadora do mundo, e eu espero que ele possa fazer o mesmo por você que o lê.

Maíra Marcondes Moreira é uma intelectual que acompanho há algum tempo. Conheci sua potência ao ler seu livro de 2019: *O feminismo é feminino? A inexistência da Mulher e a subversão da identidade* que passou a integrar as leituras e debates que faço/recomendo em sala de aula, desde então tenho sempre acompanhado qualquer novo texto, coluna, contribuição ou aula que ela nos entregue.

Este manifesto nos convoca à "(...)construção de um universal aberto que, por não haver uma exceção é contrária à exclusão violenta de elementos e à homogeneização, é a favor da diversidade, singularidade e invenção".[3] Parte deste trabalho está na reflexão produzida a partir de como o conceito de "humano" ainda não foi universalizado a todos os corpos humanos e como nossos pactos sociais têm produzido (e foram produzidos) por políticas do masculino, identitárias, ancoradas em uma diferença sexual construída a partir de interesses específicos e excludentes e como estas políticas têm produzido miséria subjetiva e material, sofrimento e desarticulação de potências revolucionárias e transformadoras. Tais políticas fazem a gestão institucionalizada dos "diferentes" sem permitir que nós operemos a desinstitucionalização de tais lógicas, num jogo cínico de "democracia" (liberal e burguesa) que impede uma mudança radical deste paradigma.

Somos produto de um longo processo social que, da modernidade para cá, produziu absurdos incompreensíveis

---

[3] Moreira, M. M. (2019) *O feminismo é feminino? A inexistência da mulher e a subversão da identidade*. São Paulo: Annablume, p. 89.

dentro da lógica racional que ele mesmo tem operado. Os exemplos vão desde o liberalismo, como corrente filosófica e política, que apregoava a liberdade dos sujeitos de possuir de forma privada, de dispor das posses de acordo com a vontade, de ir e vir, de fazer e associar-se, de expressar-se e etc. como constituintes inalienáveis da humanidade; sendo que John Locke, uma das figuras fundadoras da corrente liberal, era acionista de companhias que comercializavam pessoas escravizadas e era secretário dos Senhores Proprietários das Carolinas, onde a escravidão era constitucionalmente permitida.[4] O liberalismo de Locke não soube como estender o conceito de *humano* às populações escravizadas ou aos povos originários dos continentes que sofriam com os horrores coloniais, configurando-as como um *outro* indesejável, a ser gerido mais como recurso do que como gente.

A Revolução Francesa, que tem como um de seus marcos mais importantes a formulação dos *direitos do homem e do cidadão* produziu, no seu interior, uma contradição flagrante, que possibilitou às intelectuais da época apontarem-na e lutarem contra ela. Talvez o exemplo mais marcante seja *A Declaração dos Direitos da Mulher e da Cidadã* de Olympe de Gouges, em 1791. A lógica de política masculina da Revolução Francesa também não foi capaz de estender o conceito de humanidade para as mulheres e outros corpos subalternizados, a ideia, por exemplo, de acesso à educação como ferramenta de transformação e dignificação humana ficou restrita aos corpos "mais humanos" do que os outros. Um

---

[4] Cf. Uzgalis, W. John Locke, "Racism, Slavery, and Indian Lands". *The Oxford Handbook of Philosophy and Race*. Editado por Naomi Zack. Publicação impressa, fev 2017. Publicação online: Jan 2017. DO: 10.1093/oxfordhb/9780190236953.013.41

dos deslocamentos importantes deste manifesto é mostrar como mesmo os movimentos de contracultura produzidos nestas épocas ainda foram enredados por uma economia psíquica que operava sob a diferença como constituinte de identidades, geradora de mais diferenças, e nunca de um sistema contrário à exclusão violenta e não homogeneizante dos dissidentes das normas criadas por seus sistemas.

Por fim, as reflexões acerca dos estudos queer, e das correntes que os constituem, nos permitem olhar para as *multidões queer* que insurgem em muitos momentos da História, aqui sendo válido destacar os episódios da segunda metade do século XX quando, nos EUA, por exemplo, estes corpos se organizaram para reivindicar não um pertencimento à norma, mas o reconhecimento de que há (e sempre houve) em curso uma política dos dejetos, feita a partir de uma posição de estranho-abjeto, de excluído pelas identidades políticas e formas de fazer política que sempre esquecem e deixam para trás os corpos e modos de vida que não podem ser imediatamente assimilados à lógica de acumulação e poder de suas épocas.

Ler este manifesto por esta via, organizada, construída, debatida e apontada como prática de forma maestral por Maíra Marcondes Moreira é permitir-se experimentar o novo em um modo de pensar e executar políticas. Apenas um modo de estar na política capaz de sustentar um diálogo nada conciliador parece cabível para o encontro dos campos de ação e entendimento propostos pela autora. Em coluna recente para o dossiê *Encontros à beira do abismo: psicanálise, gênero e estudos queer*, publicado na edição 270 da *Revista Cult*, Maíra escreve o seguinte: "Há certo empirismo nas produções feministas que muito interessa às elaborações teóricas e ao engajamento coletivo e político de outros grupos minoritários". Os desdobramentos deste empirismo, bem como este interesse serão trabalhados neste manifesto. A autora encerra seu texto assim: "O que há de indizível no campo do feminino pode abrir novos horizontes produtivos e inventivos para a política, o sujeito, as experiências de relação e – por que não? – para o feminismo".

Uma das provocações mais brilhantes com a qual Lacan nos deixou, foi a de que o analista deve estar à altura de seu tempo,[5] nós também, enquanto sujeitos políticos desejosos de mudanças estruturais, devemos cumprir o mesmo papel de estar à altura de um tempo que exigirá de nós – para que possa ser transformado – uma alteridade corajosa e radical.

Boa leitura, em aberto, e que ela possa lhe incendiar também.

---

[5] Cf. Lacan, J. (1959-1960/2008) *O Seminário, livro 7: a ética da psicanálise* (A. Quinet, trad.). Rio de Janeiro: Jorge Zahar.

INTRODUÇÃO
Preliminares para uma Política do Feminino

A proposta deste ensaio é, desde já, radicalizar as noções de feminino e de política: desviá-las do sentido que lhes é atribuído de imediato, como se as palavras em si carregassem um sentido transcendental, material e imutável a ponto de que tais termos, assim pareados, não parecessem de modo algum conciliáveis ou lidos sem algum estranhamento.

Comumente, compreende-se a política como a gestão de conflitos e de corpos que se dá na via pública.[6] A psicologia social há muito reclamou a noção de identidade para dentro da política como modo de viabilizar um grupo e universalizar uma demanda ao Estado.[7] O identitarismo adentrou a

---

[6] Segundo Catalani (2019), a despolitização da política a reduz à gestão técnica e governamental. Despolitização essa que responde a um programa liberal conservador de sociedade. Ver: Catalani, F. (2019). *Filosofia moral no mundo do pós-guerra: estudo sobre Adorno*. Dissertação de Mestrado, Faculdade de Filosofia, Letras e Ciências Humanas, Universidade de São Paulo, São Paulo. doi:10.11606/D.8.2019.tde-11092019-153213. www.teses.usp.br Acesso em 22 de ago. de 2021.

[7] Adorno, T. (1977/2015) *Ensaios sobre psicologia social e psicanálise*. Tradução de V. Freitas. 1ª ed. São Paulo.

política reduzindo-a a uma receita de bolo: identidade, unidade, universalidade.[8]

A fim de responder às demandas de reconhecimento das democracias liberais, os movimentos sociais secundarizaram, de forma estratégica, as pautas anticapitalistas.[9] No Brasil, há um crescente número de pessoas que se identificam como alinhados à esquerda em decorrência das "pautas culturais" – o feminismo, o antirracismo, o estado de bem-estar social, a redistribuição de renda, etc –, contanto que estas não rompam com o capitalismo.[10]

Não se trata aqui de classificar que pautas são mais relevantes, radicais ou estratégicas. Tampouco traçar uma defesa daquilo que é pejorativamente lido como "meramente cultural"[11] ou moderno[12] por parte da esquerda que se reivindica como radical, mas mantém uma postura machista, homofóbica e transfóbica diante das políticas sexuais.

Neste ponto, talvez quem o tenha em mãos acredite que a metodologia deste livro priorizará a interseccionalidade[13]

---

[8] Moreira, M. M. (2019) *O feminismo é feminino? A inexistência da mulher e a subversão da identidade*. São Paulo: Annablume.

[9] Tal termo deve ser compreendido fora dos moldes reformistas no interior do capitalismo, mas como posição política e teórica a favor da superação do capitalismo.

[10] Fernandes, S. (2019) *Sintomas Mórbidos: a encruzilhada da esquerda brasileira*. São Paulo: Autonomia Literária.

[11] Butler & Bretas (2017) Meramente cultural. Ideias, 7(2), 227-248. Disponível em https://periodicos.sbu.unicamp.br/ojs/index.php/ideias/article/view/8649503 Acesso em 7 de set. de 2021.

[12] Marx, Engels & Lênin (1980) *Sobre a mulher*. 2ª ed. Revisão: Amandina Venâncio. São Paulo: Global Editora.

[13] Categoria de análise que busca capturar ao menos dois eixos de

como tentativa de consensuar a "esquerda radical" e a "esquerda moderna" naquilo que tange o feminismo. Seguindo por outro caminho, será através de uma interlocução entre o feminismo, a psicanálise e a crítica ao capitalismo que se dará a proposta de uma *Política do Feminino*.

Conforme ensina Kolontai,[14] a moral sexual importa ao regime capitalista posto que o capitalismo é uma relação social.[15] O capitalismo produz e se *serve* de modos de parceria, parentesco, fetiches, identidades e experiências. Portanto, há também aquilo que é interiormente gerado no capitalismo que é capaz de desestabilizar a moral sexual vigente – ainda que despropositadamente.

Se por um lado a política foi associada aos homens e à vida pública, o feminino foi relegado ao privado como domínio à parte. É peculiar como até mesmo nas discussões mais progressistas houve resistência à superação desta dicotomia. Ao se debruçar sobre a questão feminina, Lênin defendeu a igualdade jurídica e real das mulheres na composição estatal e a criação de creches comunitárias e restaurantes populares como modo de libertar as mulheres do trabalho doméstico e da dominação masculina. Porém, em entrevista com Clara Zetkin a respeito do papel das mulheres na revolução, ainda que fosse um grande entusiasta de um movimento internacional de mulheres, Lênin considerava inoportunas as discussões sobre casamento, sexo e sexualidade à luta de classes, posto que seriam capazes de provocar cisões entre

---

opressão (ex: gênero e raça).

[14] Kolontai, A. (2011) *A nova mulher e a moral sexual.* 2ª ed. São Paulo: Expressão Popular.

[15] Marx & Engels (1890/2008) *Manifesto do partido comunista.* 1ª ed. São Paulo: Expressão Popular.

os homens e as mulheres: era preciso primeiro vencer o capitalismo para criar as condições materiais "propícias" para a libertação feminina.

A psicanálise era um alvo forte de suas críticas por "liderar" um debate que *só poderia* ser liberal. É pertinente notar que o conservadorismo de Lênin responde ao medo do potencial desagregador que discutir questões relativas à sexualidade podem provocar frente a um projeto político. Portanto, Lênin estava disposto a nomear a opressão feminina como menor, encobrindo o quão temerário era à superação da mesma.

De toda forma, não é à toa que tais questões convinham mais às mulheres que aos homens, afinal, a moral sexual recaiu de forma mais penosa sobre os corpos destas.[16] A própria psicanálise tem como origem o fascínio por um tipo especial de mal-estar feminino, a histeria, e a fala das mulheres acometidas por ele.

Decorre que é a partir das falas de suas pacientes que Freud propõe uma nova perspectiva sobre o sujeito em que "o homem não é mais senhor em sua própria casa". Se por um lado a psicanálise incita os sujeitos a falarem sobre sexo, é isso que permite a descoberta do inconsciente. Há então um movimento duplo no interior da teoria que, ao mesmo tempo em que Freud descreve o que seria a feminilidade e a sexualidade feminina, ele rompe com as esperanças de se aspirar uma identidade feminina através da descoberta do inconsciente.

A psicanálise é contemporânea ao feminismo[17] e o diálogo e tensões que mantém não só é profícuo como responsá-

---

16 Kehl, M. (2007) *Deslocamentos do feminino*. Rio de Janeiro: Imago.

17 Van Haute, P., Geyskens, T. (2016) *Psicanálise sem Édipo? Uma*

vel por fazer avançar a teoria psicanalítica. Lacan[18] dá pistas sobre o potencial subversivo e profundamente anti-identitário que a noção de feminino carrega e que será explicitada mais à frente.

Segundo Safatle,[19] a psicanálise inaugura uma nova gramática para se falar de sexo. Pode-se acrescentar que o feminismo também inicia um modo diverso de se falar sobre sexo, porém visando um projeto político.

O feminismo é o local de convergência entre dois campos, a política e o feminino, forçosamente dissociados pelo pensamento hegemônico. O feminismo reinventa os modos de se fazer política no mundo[20] e mais, reinventa o que se interpreta por feminino, identidade, sujeito, sexo, sexualidades, parcerias amorosas e formas de parentesco.[21]

A aposta deste livro é que essas reinvenções estão interligadas: política e feminino. Há um crescente entusiasmo pelo

---

antropologia clínica da histeria em Freud e Lacan (Pimentel, M. trad.) São Paulo: Autêntica.

18 Lacan, J. (1972-1973/2008) *O Seminário, livro 20: mais, ainda* (M. D. Magno, trad.) Rio de Janeiro: Jorge Zahar.

19 Safatle, V. P. (2014) *Erotismo, Sexualidade e Gênero* – Curso ministrado por Vladimir Safatle. PDF retirado da academia.edu.

20 Arruza, C., Fraser, N., Bhattacharya, T. (2019) *Feminismo para os 99%: um manifesto*. São Paulo: Boitempo.

21 Para uma leitura psicanalítica sobre as reinvenções feministas em termos de experiência de relação, bem como um enfoque clínico das vivências trans e queer no campo da sexualidade, à partir da interlocução entre Butler e Lacan, ver o livro *O feminismo é feminino? A inexistência da Mulher e a subversão da identidade*, de Maíra Moreira (2019).

feminismo, teoria *queer*[22] e questões relacionadas à sexualidade ligado a uma nova moral sexual que permite duas leituras. Para os "céticos" da esquerda radical e do feminismo radical *transfóbico*[23] (apoiado em más interpretações do materialismo histórico-francês), as transexualidades e as novas nomeações e manifestações no campo da sexualidade atendem a um imperativo liberal. Este é um modo moralizante e deslegitimador de encarar as violências denunciadas por estes grupos, que visam apagar as vivências trans e as não contadas pela história oficial dos grupos dominantes.

O feminismo radical *transfóbico,* em sua suposta militância pelo gênero neutro, ou seja, do fim dos processos de socialização apoiados na diferença sexual, defende paradoxalmente a identidade sexuada apoiada na diferença sexual. O corpo trans ofende a teoria mostrando sua insuficiência – afinal, como explicar um corpo que se apresenta como feminino sem ter sido socializado para tal?

É curioso que, se por um lado há uma crítica às políticas identitárias por parte do feminismo radical, uma vez que essas políticas respondem à exigência liberal, por outro lado, a crítica transfóbica remonta a um apego à identidade do corpo e vivência material que *todas* as mulheres (portadoras de vagina) experimentam.

A segunda forma de assimilar essa maior disposição pelas políticas sexuais – feminismos, transfeminismos, políticas *queer,* movimento lgbtqia+ – se deve à insuficiência do pres-

---

[22] Traduz-se "estranho". Política e teoria anti-identitárias em defesa de vivências menos violentas para as sexualidades abjetas e gêneros não normativos.

[23] Há vertentes transfóbicas e não-transfóbicas dentro do feminismo radical.

suposto identitário para a luta política, o que leva a uma nova reflexão sobre os sujeitos e sobre os modos de se fazer política aptos a romper com as lógicas masculina, patriarcal e liberal.

Tais lógicas encontram-se intrinsecamente ligadas. É por isso que o seu rompimento implica em uma nova concepção de sujeito não mais apoiada na diferença sexual, em regimes de reconhecimento não restritos à premissa identitária e cujos horizontes de normatividades não se deem sobre formas de opressão, dominação, exclusão e violências, como ocorre *invariavelmente* em sociedades capitalistas.

O que seria então esta política?

Uma *Política do Feminino* não seria, de modo algum, uma política conciliatória ou de gestão de conflitos. Esta já é a política em conformidade com um telos[24] masculino. Se há algo que o feminismo ensina em termos de política é justamente a chance de aspirar, para além de seus atores e *atrizes*, um modo diverso de se fazer política.

O feminismo, se assim tomado, no *singular*, ou os feminismos, segundo a tentativa de conciliação entre as contradições internas do feminismo enquanto movimento social – como se a operação linguística do singular para o *plural* lograsse do efeito de, por mágica nominalista,[25] operar o grande feito de englobar todas as mulheres –, parte, como princípio, da mulher enquanto sujeito e agente político.[26]

---

[24] Objetivo final, ordenação específica, propósito.

[25] Teoria que toma os atos de fala e as palavras em si como fundantes de uma nova realidade.

[26] Butler, J. (1990/2010) *Problemas de gênero: Feminismo e subversão de identidade*. Tradução de R. Agular. 3ª ed. Rio de

O movimento surge, então, trazendo em seu primeiro grande ato um deslocamento da figura da mulher de objeto para sujeito e de passiva para agente. Para além desse deslocamento, as noções de sujeito e agente sofrem também modificações. Ou seja, a linguagem, ainda que não produza os efeitos que intencionamos, tem efeitos e estes ressignificam os termos e as condições para a sua emergência.

Se, conforme indica Fuentes,[27] o maior entrave intelectual do feminismo residiu em formar um universal da Mulher, dizer a Mulher, talvez a sua maior contribuição esteja precisamente na quebra deste universal e na reformulação de outros destinos para a universalidade. Dizer a Mulher é uma tarefa impossível dado àquilo que se impõe como limite lógico de apreensão: dizer o que não existe – *mas se experimenta.*

Seguindo por uma leitura diversa às acusações frequentemente dirigidas ao feminismo – de ser um movimento histérico,[28] sectário,[29] moderno,[30] identitário e liberal – propõe-se discutir sobre como o feminismo é um movimento essencial para cindir com as lógicas identitárias e universa-

---

Janeiro: Civilização Brasileira.

27 Fuentes, M. J. S. (2012) *As mulheres e seus nomes: Lacan e o feminino*. Belo Horizonte: Scriptum.

28 Nomear o feminismo e os demais movimentos sociais como histéricos corresponde a uma difamação generificada da noção psicanalítica "reivindicação histérica" e de exagero, para o senso comum.

29 Relativo à seita. Segregador.

30 Modo pejorativo que a tradição esquerdista nomeia movimentos sociais cujo objetivo político difere de alguma forma, ou não tem como objetivo, único ou primeiro, a superação da luta de classes.

listas exigidas pelo capitalismo, justamente pela impossibilidade de responder a tais exigências.

Para pensar a *Política do Feminino* interessam as formulações de Lacan sobre o feminino em articulação com a teoria de ação política de Judith Butler. Para Butler[31] a categoria mulher não deveria ser pressuposto para a ação política no feminismo. A autora entende gênero como *performativo*, construindo uma teoria em que gênero é não só categoria de análise, internalização da diferença sexual, do parentesco e da heterossexualidade compulsória, mas também uma teoria da ação política fora do princípio identitário na forma de políticas contingentes e de assembleia, fora de qualquer telos normativo ou definidor.

Segundo Moreira,[32] a abordagem de Butler[33] está alinhada à proposição lacaniana "A mulher não existe" e suas consequências lógicas. O feminino para Lacan é anti-identitário e contrário ao universal que tende a homogeneizar os corpos, desmascarando o caráter fictício do sexo e de seus imperativos sociais. No feminino, há a possibilidade de invenção fora das determinações impostas a ele em uma sociedade organizada a partir da fantasia masculina. Esta ordena os corpos segundo um patriarcalismo de fácil adesão ao capitalismo, como será melhor explicitado naquilo que será chamado de *Política do Masculino*. A teoria psicanalítica servirá como um instrumento para a demonstração das premissas necessárias por detrás das políticas identitárias e dos efeitos em intencionar uma política fora da identidade,

---

[31] Butler, J. (1990/2010).

[32] Moreira, M. M. (2019).

[33] Butler, J. (1990/2010).

e sobre como estas se relacionam com o que se entende por masculino e feminino, respectivamente.

Passo-a-passo

Pretende-se, neste ensaio, estudar inicialmente como o feminismo faz parte de uma tradição que toma o sexual como aquilo que é a força motriz para refletir sobre os regimes de reconhecimento, *ao mesmo tempo em que é no sexual que se presentificam suas linhas de fuga.*[34] Encerrando nos processos constitutivos a sua saída pelas inconsistências e descontinuidades, tal qual o veneno que em si encerra o princípio para o seu remédio, e vice-e-versa.

No primeiro capítulo será debatido por que a diferença sexual serve de fundamento para se pensar o sujeito. De como a questão sexual se tornou de magnitude para a ciência a ponto de haver tanto uma repressão da vida sexual quanto uma incitação a descrever os pormenores de tudo aquilo relativo à sexualidade. Este movimento importa para criar regimes de classificação entre o que seria normal e o que seria patológico.

A tradição filosófica francesa contemporânea privilegia a questão do sexual na concepção do sujeito, a fim de desarticular a visão de sujeito instaurada a partir da Revolução Francesa. Nesta operação, a psicanálise tem participação fundamental na quebra dos moldes racionalista, universal e contratual em que a democracia liberal procura enclausurar o sujeito.

---

[34] Ou seja, tomando um caminho diverso da assepsia moralista do gênero neutro.

A construção e afirmação da diferença sexual servem de base para os regimes de reconhecimento. Ainda no primeiro capítulo, será desenvolvido por que a diferença sexual aparenta ser de ordem material e ontológica[35] através dos desenvolvimentos de Freud. Ou seja, para além de buscar aportes teóricos que historicizam o sexo e a diferença sexual, será tematizado como é atribuído a esta diferença o fundamento necessário para a constituição do Ego.

Em um segundo momento, no capítulo seguinte, a questão se voltará para o que o feminismo fez da identidade mulher e das noções de feminilidade e como entrou também em um campo de disputa de saberes com a psicanálise sobre a verdade do feminino e do sexo. Afinal, tais teorias são contemporâneas e participam da mesma tradição filosófica que privilegia o sexual enquanto baliza de reconhecimento. Ainda que se interpelem e se afetem, parte deste embate responde a uma demanda do discurso capitalista. Este adentra nos debates científicos e políticos restringindo-os à "livre concorrência" em um grande "mercado de ideias".

Neste capítulo, será discutido o modelo racionalista de reconhecimento e de universalidade que passou a vigorar desde a Revolução Francesa. Ideais estes que são problemáticos, posto que estão atrelados ao paradigma liberal, incluindo, portanto, meios de exploração que se dão segundo tal princípio. Se por um lado o feminismo se esforçou em desenvolver um universal da Mulher à imagem e semelhança deste universal abstrato do "homem branco", como teo-

[35] Estudo do ser, busca de uma essência ou momento fundante do ser ou natureza comum.

riza Scott,[36] há no feminino um potencial desagregador do universal e que será debatido a partir de autoras feministas.

No terceiro capítulo serão apresentados os vínculos dos ideais iluministas, que vigoram até hoje, com o mito do patriarcado e com os mitos aos quais a psicanálise freudiana recorre: de Édipo e do Pai da Horda. É a partir de tal articulação que é admissível pensar uma modalidade masculina de se fazer política e que será desenvolvida sob o nome de *Política do Masculino:* uma política de gestão de corpos e de conflitos que força um determinado tipo de gramática de reconhecimento aos movimentos sociais.

Mais adiante, no quarto capítulo, será abordado como o movimento feminista é o grande desarticulador das formas do humano, da identidade e universalidade, ao apresentar um modo outro de se fazer política, provocando fissuras vitais para o rompimento das ficções masculinas sobre os corpos social, político e sexuado. A partir daí será apresentado o que seria a *Política do Feminino* e como esta se divide em duas: a do não-todo como suplemento e a do não-todo como negação e como esta política se dá segundo a ausência de um mito do matriarcado.

Na conclusão, haverá a retomada de alguns pontos e a tentativa de responder a outros que foram colocados à margem ao longo do livro. Entre estes, o uso do termo feminino e como agir politicamente a partir deste. *Sobre como o feminismo é um dos nomes para a Política do Feminino, mas há outras perspectivas para além deste.* A necessidade de considerar um novo sujeito para uma democracia plena, e como

---

[36] Scott, J. W. (1999/2005). "O enigma da igualdade. Revista Estudos Feministas", 13(1), 11-30. https://doi.org/10.1590/S0104-026X2005000100002 Acesso em 23 de ago. de 2021.

este livro propõe um projeto político com a psicanálise, *mas não para a psicanálise.* A fim de facilitar a sistematização das políticas do masculino e do feminino, há um glossário no final do livro que explica, de forma resumida, as noções aqui propostas e desenvolvidas pela autora.

Não concerne à presente escritura prescrever modos de se fazer política dentro (e fora) do feminismo ou de criar alguma visão maniqueísta ou generificada sobre a política. Mas sim, ao perscrutar pelas lógicas por detrás do fazer político, convidar os corpos à imaginação política e sexual, posto que a política e o sexual estão em relação.

Um diálogo nada conciliador

Para tanto, um diálogo nada conciliador, que abarque os mal-entendidos e bem-dizeres da língua, se faz necessário. É através da psicanálise que se dará essa conversa naquilo que ela apresenta enquanto contradição interna: da não-identidade à normatividade que pressupõe no campo social.

A teoria psicanalítica servirá como chave de leitura para a construção teórica do texto, mas será, o tempo todo, interpelada pelas teorias feministas e anticapitalistas. À primeira vista, o diálogo entre a teoria feminista e as teorias anticapitalistas é o de maior afinidade; porém, ainda existem internamente questões que mostram que esta conciliação não se dá sem disputas e dissidências.

O livro *Sobre a Mulher*, de 1980, recorda as produções de Marx, Engels e Lênin, este último em diálogo com Clara Zetkin, uma célebre pioneira do feminismo. Conforme descrito previamente, ainda que autores da tradição marxista tenham se interrogado sobre a questão feminina, desenvolvendo teorias sobre suas origens e propostas para o fim de sua opressão, esta causa foi facilmente relegada a segundo plano nos momentos de sua implantação.[37]

Ainda que Lênin defendesse a criação de creches comunitárias e restaurantes populares, a participação política equitativa das mulheres no Estado e em cargos de liderança e gestão e a criação de um movimento internacional de mulheres, ele creditava a curiosidade de Clara Zetkin às questões relativas à sexualidade como algo perigoso e imbuído dos preceitos liberais.

Ao criticar tais questões, Lênin aponta como a psicanálise fazia, segundo ele, parte da moralidade burguesa acerca do sexual. O que prova o êxito da teoria psicanalítica em produzir esta nova gramática sobre o sexo a ponto desta penetrar a experiência comunista na URSS. Porém, a psicanálise em si foi vista com desconfiança. Para Lênin, a preocupação das mulheres sovietes com essas questões tratava-se de um desvio liberal em que a psicanálise efetuava forte influência.

Segundo Bottici,[38] o casamento entre o feminismo e o comunismo foi menos proveitoso que o casamento entre

---

[37] Recomenda-se a leitura do livro *Mulher, Estado e Revolução: política familiar e vida social soviéticas, 1917-1936*, de Wendy Goldman. Através de um percurso histórico, a autora analisa os debates jurídicos em torno da questão feminina na experiência socialista da URSS. Apesar dos avanços progressistas, como o direito ao voto e ao divórcio e as tentativas de implementar igualdade política e isonomia salarial para as mulheres, houve uma série de contratempos em que, reconhecendo o quão dispendioso era ao Estado custear os cuidados das crianças e relativos à alimentação, uma valorização da família e da maternidade serviu de política exploratória sob o trabalho feminino não remunerado.

[38] Bottici, C. (2017) *Bodies in plural: Towards an anarcha-femi-*

o feminismo e o anarquismo. De fato, salvo pelas produções de Proudhon, os teóricos anarquistas discorriam sobre as questões femininas, até mesmo as ditas *modernas*, com maior liberdade. Bakunin, Emma Goldman e Kroptkin são alguns dos nomes citados por Bottici nessa discussão, em que a autora defende que o anarquismo tem por base a luta pelo fim de todo tipo de opressão, dominação e hierarquia.

Sua crítica é facilmente assimilada pelo modo como a luta feminista foi relegada a segundo plano ou pauta menor a ser facilmente resolvida *com* a superação da luta de classes ou imediatamente *após* ela. Porém, vale questionar por que algumas teóricas feministas insistem na imagem do casamento para pensar o feminismo.

De toda forma, vale notar que tanto Botticci pela perspectiva do anarca-feminismo, quanto Arruza, Fraser & Bhattacharya[39] advogando por um feminismo classista,[40] estão de acordo no que tange ao feminismo ser contrário a todo e qualquer tipo de opressão. Porém, o argumento de Botticci passa pela concepção spinozista, portanto, Um não pode ser livre, se o Outro não é. Posto que os corpos se encontram em relação mútua: um não alcança a liberdade nem na posição de oprimido e nem na posição de opressor. Botticci argumenta de forma contrária à interseccionalidade no movimento feminista, devido à improbabilidade de nomear exaustivamente todas as formas de opressão aos quais os

---

nist manifesto. Disponível em https://journals.sagepub.com/doi/10.1177/0725513617727793 Acesso em 13 de ago. de 2021.

[39] Arruza, C., Fraser, N., Bhattacharya, T. (2019).

[40] Feministas marxistas não alinhadas com o materialismo histórico francês e que defendem que a luta feminista não é questão menor ou secundária à luta de classes através da interseccionalidade.

corpos podem estar sujeitos. Aruzza, Fraser & Bhattacharya recomendam um feminismo classista que tome a interseccionalidade como modo de não sobrepujar as questões de classe às demais questões, como as opressões de gênero, sexualidade e raça.

Seguindo por um caminho diverso, este livro irá privilegiar a questão sexual e da diferença sexual para expor sobre como estes têm lugar fundamental na viabilização dos corpos para a cultura, ao mesmo tempo que têm força disruptiva para modificar os regimes de inteligibilidade[41] cultural.

Como dito anteriormente, uma *Política do Feminino* não seguiria, assim como é na concepção de Judith Butler, nenhum telos definidor. Essa é talvez a grande crítica realizada pelas feministas classistas à Judith Butler: não há projeto de massa para o feminismo em Butler.[42] Contudo, é conveniente que não haja este projeto, uma vez que fazer política conforme um telos é operar dentro da lógica masculina: dentro do esperado.

Tanto Judith Butler quanto Paul Beatriz Preciado, teóricos do feminismo *queer* – feminismo não identitário e simpático às questões da sexualidade –, têm como propostas de ação política as assembleias e as multidões *queer*.[43] Estas se

---

[41] O que pode ser compreendido. No caso específico, trata-se do que é passível de ser considerado humano.

[42] Federici, S. (2019) Para as mulheres sexo sempre foi trabalho, diz Federici. Entrevista cedida a Helena Bertho, Coletivo Azmina. Disponível em https://azmina.com.br/reportagens/para-as-mulheres-sexo-sempre-foi-trabalho-diz-silvia-federici/ Acesso em 7 de set. de 2021.

[43] Tais noções serão melhor desenvolvidas na seção A Política do Feminino: O não-todo como suplemento e como negação.

encontram ligadas aos modos de organização e de ação política de coletivos anarquistas:[44] horizontalidade, espontaneidade, trabalho em rede, sem lideranças ou com circulação das mesmas, ocupação do espaço público e de propriedades abandonadas que visam a especulação imobiliária, ações táticas não-identitárias, de confronto em caso de violência policial e/ou fascista e anticapitalistas (que podem incluir a depredação dos símbolos do capital).

Para alguns comentadores, Butler e Preciado seriam teóricos pós-anarquistas.[45] Este é um termo ao qual Paul B. Preciado se sente confortável para se nomear, porém, na sua recusa aos efeitos de nomeação, talvez o mesmo não valha para Judith Butler. De todo modo, é por não partirem nem da identidade e nem de modos institucionalizados de se fazer política – como fazem os partidos políticos, sindicatos e movimentos sociais –, que as táticas anarquistas se encontram mais próximas da *Política do Feminino*, posto que a recusa à política identitária abre diferentes caminhos para a ação política.

---

[44] Tal qual apresentado em Ludd (2002), livro *A urgência das ruas: Black Blocks, Reclaim the Streets e os dias de ação global* e Bey (1985) *T.A.Z: Zona Autônoma Temporária*. Tradução: Patrícia Decia e Renato Resende. Copyleft http://www.mom.arq.ufmg.br/mom/02_arq_interface/4a_aula/Hakim_Bey_TAZ.pdf. Acesso em 7 de set. de 2021.

[45] Pós-anarquistas devido a seus alinhamentos com as políticas anarca-queer. Recomenda-se o artigo "Multidões queer: notas para uma política dos 'anormais'" de Preciado (2003/2011) e a entrevista realizada por Heckert (2010/2014), "Sobre anarquismo: uma entrevista com Judith Butler".

Porém, ainda que haja uma convergência entre as práticas aí descritas, talvez seja apressado esse "casamento" com o anarquismo; afinal, este possui sua história e formas de organização e ação política bem demarcados. Ainda que o anarquismo opere de forma provisória[46] e, portanto, não vise a um fim, há um projeto utópico. Não seria ele mesmo um telos? Aliás, por que motivo o feminismo deveria se casar?

Optou-se, neste ensaio, pela escolha da noção de anticapitalismo sobre as noções de classismo e de anarquismo pelos seguintes motivos: primeiro, para evitar que um horizonte normativo de modos se fazer política engesse o fazer político como um telos masculino; segundo, porque interessa privilegiar como a questão sexual está ligada aos ideais liberais de igualdade, liberdade e fraternidade *para os homens* e como a desarticulação dos ideais sexuais implicam e devem atuar no desmonte dos ideais liberais e vice-versa.

No decorrer do livro será debatido como os ideais burgueses implantados durante a Revolução Francesa se serviram da diferença sexual enquanto pressuposto ontológico para a distinção política e social dos corpos.[47] Em outras palavras, importa o anticapitalismo na medida em que o capitalismo é uma relação social[48] que utiliza a diferença sexual como modo de atingir seus objetivos de exploração.

---

[46] Heckert, J. & Butler, J. (2014) *Sobre anarquismo: uma entrevista com Judith Butler*. Tradução Aurora Baêta (originalmente publicado em 2010). Retirado do site: https://territoriosdefilosofia.wordpress.com/2014/08/07/sobre-anarquismo-uma-entrevista-com-judith-butler-judith-butler/ Acesso em 23 de ago. de 2021.

[47] Scott, J. W. (1999/2005).

[48] Marx & Engels (1890/2008).

O que é muito diferente do que o feminismo liberal apregoa sobre os grandes benefícios que as Revoluções Industriais e Francesa trouxeram às mulheres por "inseri-las no mercado de trabalho", eufemismo para explorá-las em condições ainda mais precárias e insalubres que submetiam os homens trabalhadores.

Tendo dito isto, porque valeria convidar a psicanálise para esse diálogo que desde já nada possui de conciliador? A psicanálise é criticada tanto pelo feminismo, por produzir leituras generificadas, machistas, homofóbicas e transfóbicas, como pelas perspectivas anticapitalistas, por ser uma prática burguesa e teoria irracional[49] investida na agressividade inata ao homem, que impediria o surgimento de sociedades não-violentas onde não haveria opressão e dominação.

Não se trata de negar a validade de tais críticas. Estas serão melhor colocadas e destrinchadas posteriormente, tanto naquilo que a psicanálise está em disputa com o feminismo em relação à verdade sobre o sexo, a sexualidade e o feminino, quanto à posição ética da psicanálise frente os projetos políticos, o que, de certo modo demonstra algum conformismo em relação ao projeto democrático liberal.

Há sim uma ambiguidade inerente à psicanálise e que faz dela tanto normativa quanto subversiva. Essa serve na medida em que carrega em si a alternativa anti-identitária imprescindível para a superação do sujeito e dos regimes de

---

[49] Corrente filosófica conservadora que argumenta que a exploração do homem pelo homem se dá devido à essência humana – como modo de justificar e defender o liberalismo/as democracias liberais. Para citar alguns: Heidegger, Habermas e Arendt. Lessa & Tonet (2011) Introdução à filosofia de Marx. 2ª ed. São Paulo: Expressão Popular.

reconhecimento estabelecidos na Revolução Francesa: o sujeito racional, contratual, patriarcal que goza do seu status de humano pela diferenciação sexual. É através da descoberta do inconsciente e dos modos como o sexual atravessa os corpos que a psicanálise golpeia, inadvertidamente, o sujeito identitário útil ao capitalismo.

Que dizer?

Resta, então, justificar a arbitrariedade por detrás das escolhas teóricas e formais que compõem este ensaio. A começar, é preciso defender o ensaio em seu descompromisso com a verdade "científica" em virtude do exercício intelectual livre, vivo e propositivo,[50] posto que o caráter inaugural difere das ideias totalmente formadas que impedem o surgimento de boas questões, o que, por sua vez, *pode não ser tão bom assim.*

Nabokov[51] imprime ao exercício da escrita um meio de livrar-se de uma ideia que o persegue. Este ensaio é a tentativa de ampliar referências e de propor um sistema lógico para um incomodo que há muito acompanha a autora, e que fora primeiro escrutinado no livro "O feminismo é feminino? A inexistência da Mulher e a subversão da identidade": que há um modo feminino de se fazer política!

Ainda que essas reflexões datem de um percurso de anos, de uma suspeita que aos poucos ganhou corpo, há algo novo que se presentifica em trabalhos que buscam o apagamento das fronteiras entre diferentes campos disciplinares. Algo

---

[50] Adorno, T. (2003) "O ensaio como forma". In: *Notas de Literatura I.* Tradução de Jorge de Almeida, Editora 34, Coleção Espírito Crítico.

[51] Nabokov, V. (2003) "Sobre um livro intitulado 'Lolita'". In: *Lolita*. Rio de Janeiro: O Globo.

que as teorias feminista, psicanalítica e crítica não se furtam em realizar.

Que dizer remete tanto aos esforços empreendidos no ato de se justificar quanto, conforme as exigências feministas, situar *o que posso dizer disto?* Vale também a alusão ao livro de Lênin,[52] *Que fazer?*, que é a pergunta embutida em todos os manifestos e que reclama a militância às produções reflexivas, especulativas e abstratas dos intelectuais – tal como se vê a recepção dos trabalhos da filósofa Judith Butler nos movimentos e teorias feministas.

As narrativas feministas são muitas e compõem um campo de disputas atravessado por elementos ideológicos. Há certo empirismo[53] no desenvolvimento do feminismo enquanto campo interessado na vivência e experiência comum das mulheres e das possibilidades de desenvolvimento de novas epistemologias e modos de ação política. Como não se trata de um campo hermético e alheio à outras produções de saber, o feminismo conversa com a antropologia, economia, filosofia, ciências políticas, artes, entre muitos outros[54] –, logo, não é privilégio da psicanálise travar com o feminismo um diálogo nada conciliador.

Ademais, o próprio recorte efetuado no ensaio parte de uma concepção hegemonista, universal, europeia, branca e liberal do feminismo, para então realizar uma crítica e decomposição desse momento supostamente "inicial" do feminismo. Pretende-se analisar o modo que se compreendia o

---

[52] Lênin, V. (2010) *Que fazer?: Problemas candentes do nosso movimento.* Tradução de Marcelo Braz. São Paulo: Expressão Popular.

[53] Baseado na experiência observável.

[54] Recomenda-se o artigo de Scott (1990), "Gênero: uma categoria útil para a análise histórica".

sujeito durante a Revolução Francesa e sua subversão a partir do advento da psicanálise, e da retomada da discussão sobre o sujeito pelo feminismo e filosofia francesa contemporânea.

É claro que toda escolha teórica implica em novas escolhas e caminhos a serem seguidos. Há, dentro do feminismo, uma infinidade de perspectivas, vertentes e propostas que visam, justamente, a oposição ao feminismo universalista. No entanto, a aposta aqui presente é que a psicanálise fornece uma saída alternativa quando comparada às articulações com a antropologia, sociologia ou história. Estes últimos contribuem com a possibilidade de quebra com o universal através do particular, das particularidades de povos, dos marcadores sociais ou de determinados períodos. A psicanálise opera a partir do singular, daquilo que há de insubmisso no sujeito e é capaz de afrontar o universal em termos lógicos.

Não se trata, todavia, de desmerecer as demais correntes ou de fortalecer essas disputas internas, posto que, conforme dito anteriormente, é nebular fronteiras que permite a emergência de algo novo, e não *de novo*. Tais embates, por vezes, remetem à antagonismos levados ao extremo, que são de grande valia para a manutenção do *status quo*, em que o segmento hegemônico dita as pautas que lhe são convenientes, por outros, reportam às denúncias realizadas no interior do feminismo, de posturas excludentes e violentas dentro e fora do movimento.[55]

Há ainda imperativos liberais e mercadológicos que adentram o feminismo, colocando-o dentro do circuito da moda. Mary Garcia Castro (2019 apud Hollanda[56] 2020) demonstra

---

[55] Davis, A. (1981/2016) *Mulheres, raça e classe*. Tradução de Heci Regina Candiani. 1ª ed. São Paulo: Boitempo.

[56] Hollanda, H. B. (org). (2020) *Pensamento feminista hoje:*

sua inquietude e preocupação com o que por vezes é nomeado como feminismo decolonial ao indagar "somos todos decoloniais?", questionando se hoje este feminismo assumiu o lugar de tendência na academia. Vale acrescentar o quão potente é a construção e retomada do pensamento decolonial e do feminismo negro no desmonte da universalidade, o que não significa dizer que todas as produções feministas de mulheres de países que passaram por processos de colonização e/ou mulheres negras são produções inerentemente decoloniais e/ou que tratam da questão da racialização.

Tampouco faria sentido imputar a todo tipo de produção de conhecimento algum tipo de procedimento. Propor algo parecido pode recair em um argumento moral ou limitado, incapaz de reconhecer que não há construção teórica que dê conta de tudo – ainda que seja lícito desenvolver sistemas filosóficos coerentes e horizontes políticos (im)possíveis.

Neste ensaio, propõe-se utilizar a noção de feminino em Lacan como conceito e de apresentar um sistema lógico aplicado à política a partir das modalidades lógicas de gozo apoiadas na diferença sexual. A hipótese que aqui será sustentada é que há modalidades lógicas por detrás do fazer político, para então expor o que seriam os modos masculino e feminino(s) de ação política.

A maneira como se concebe o sujeito tem efeitos no que se entende por política e por projeto democrático. Decorre que, a filosofia francesa contemporânea se serviu da psicanálise freudiana e das questões do sexual e da feminilidade para se debruçar sobre o sujeito, de modo a efetuar uma quebra no sujeito universal e, atualmente, há um novo movimento intelectual-político na teoria crítica, a Izquierda Lacaniana:

---

perspectivas decoloniais. Rio de Janeiro: Bazar do Tempo.

este tem como expoentes pensadores da América Latina investidos em discutir, a partir da psicanálise lacaniana e da filosofia francesa contemporânea, a democracia e os modos de se fazer política. Ainda que não sejam produções decoloniais, talvez valha destacar o fato de que a América Latina passou por eventos de colonização, de escravidão e de ditaduras, de modo que são preciosas as potencialidades de refletir sobre uma democracia nunca de fato posta em prática.

Essa escritura está alinhada à tais discussões através da perspectiva feminista. Significa que, há algo das experiências afetivas, sexuais e políticas – em coletivos de orientação *queer* e anarquista –, da autora que perpassam a tessitura do texto. Considerando a escolha pelo pronome indefinido, talvez soe um pouco desconcertante dizer sobre aquilo que se experimenta e que é uma exigência (ou incitação a falar[57]) dentro do empirismo feminista. A circulação de vozes é produtiva e atuante na construção de novos paradigmas e, portanto, a vivência intelectual não deve ser subsumida: não há porque *dessupor* um saber no trabalho acadêmico ou de desconsiderar seus efeitos nos corpos e na política.

Se "o homem não é senhor em sua própria casa", talvez o que há de cômico e de *estranho* em escrever sua experiência em terceira pessoa é que, ainda que se fale "Eu" e "Nós", há sempre algo de indeterminado borrando as fronteiras desses "Eu" e "Nós". Que dizer de uma prática que é e não é (só) *minha*? As exigências de performar determinada identidade pesam sob os corpos e sob a política, mas há algo do sexual que extrapola todas expectativas das normatividades sociais e que produz outros tipos de relacionalidade. Estas podem se dar através de parcerias, nomeações e experimentações,

[57] Foucault apud Safatle (2014).

inclusive no interior do que foi eleito como ideal, e de modalidades de ação política em que os corpos se movimentam para além das demandas de inclusão e segundo os formulários do Estado.

Ainda que o feminismo se empenhe em dessencializar a noção de feminino e não imputar nenhum destino fixado às mulheres, há, também, tensões internas que revelam algumas das dificuldades da organização política: consensuar pautas e estratégias, e superar contradições suportando-as. Não há sujeito que não esteja exposto aos processos de hetero-designação que, na melhor das hipóteses, o "convida" a responder sempre a partir de algum lugar ou posição. O identitarismo no interior da política força o consenso em nome do fim das contradições. Um sujeito acusado[58] de *ser* e *ter* determinado marcador social que o precede e antecipa seus gestos é um sujeito confinado ao particular, como se houvesse um fazedor por detrás de seus atos.[59] Tal visão constrange não só o sujeito, determinando e imputando a ele certa gramática, mas também os modos de se fazer política em torno da identidade.

Entre as vivências pessoal, política e acadêmica citadas, o feminismo ensina que "O pessoal é político" e que *Speak Bitterness* é crucial para os processos de socialização, conscientização feminista e empoderamento de mulheres.[60] As rodas

---

[58] "Como diz a pesquisadora Joice Berth: "Não me descobri negra, fui acusada de sê-la", em Ribeiro, D. (2019) *Pequeno Manual Antirracista*. São Paulo: Companhia das Letras.

[59] Butler, J. (1990/2010).

[60] Sardenberg, C. (2018) "O pessoal é político: conscientização feminista e empoderamento de mulheres" Inc. Soc., Brasília, DF, v.11 n.2, p.15-29, jan./jun.

de conversa em coletivos operam de diversas formas: a circulação de vozes permite tanto perceber enquanto comum um certo mal-estar, quanto nomear algo que ainda não tem nome[61] – algo que, salvo as devidas proporções, também é possível no processo analítico na confecção de um nome.[62] Ademais, essas práticas são cruciais na criação de laços de solidariedade e um processo horizontalizado de conscientização.[63] Em contrapartida, pode haver fenômenos em que a repetição prolongada das falas de determinado mal-estar leve o grupo a uma posição ressentida e de inação[64] ou fenômenos de "cola", em que os sujeitos se identificam com seu mal-estar. Estas práticas importam e precisam se atentar para a mobilização política: *a política emancipatória exige a ação coletiva para além do agrupamento coletivo.*

Tecidas essas considerações, propõe-se uma leve torção no "o pessoal é político" para "o sexual é político", no sentido que os nossos regimes de reconhecimento estão pautados no sexual, bem como nossos modos de se fazer política. Portanto, não se trata apenas de dessubstancializar e dessencializar as posições masculina e feminina, que aqui também serão feitas. Mas de propor uma estratégia política a partir da inexistência da Mulher. Propõe-se ler, a partir do formalismo lacaniano, as lógicas por detrás não só das posições

---

[61] Friedan, B. (2010) *The Feminine Mystique*. Londres e Nova York: Penguin Books.

[62] Fajnwaks, F. (2015) *Subversion Lacanienne des Théories du Genre*. Paris: Éditions Michèle, 13-44.

[63] Hooks, B. (2018) *O feminismo é para todo mundo: políticas arrebatadoras*. 1ª ed. Rio de Janeiro: Rosa dos Tempos.

[64] Kehl, M. (2004) *Ressentimento*. São Paulo: Casapsi Livraria e Editora Ltda.

masculina e feminina, mas da política: a primeira sustenta a manutenção da diferença sexual, ao passo que a segunda pode tanto a sua desarticulação como o seu colapso.

Ao longo do livro, será desenvolvido como é preciso um movimento de ruptura, de colapso das formas inteligíveis de existência, para que seja possível caminhar para uma democracia plena: a radicalização política e o desmonte do pressuposto identitário baseado na diferença sexual para o reconhecimento.

Como não se trata de um estudo comparado ou de um trabalho historiográfico,[65] não serão pormenorizadas as táticas e estratégias necessárias para a implantação de uma democracia plena. Para tal, há autores e autoras que se debruçam sobre as experiências concretas, as tentativas de sua implementação, e que dão diretrizes sobre *Que fazer?*, tanto em termos de ruptura e de revolta, quanto em termos de planejamento e de manutenção bem sucedidos, ainda que transitórios.

Ou seja, há algum horizonte de normatividades à vista. Considerando que há algo da política que se dá anteriormente aos processos de conformação no campo das disputas, tal como acreditam autores como Butler[66] e Rancière,[67] optou-se por este enfoque para radicalização: de trazer à cena política o que é inegociável e que impõe uma cisão.

---

[65] Butler, J. (2015/2018) *Corpos em aliança e a política das ruas: Notas para uma teoria performativa de assembleia*. Tradução de F. Minguens. 1ª ed. Rio de Janeiro: Civilização Brasileira.

[66] Heckert, J. & Butler, J. (2010/2014).

[67] Rancière, J. (1996/2018) *O desentendimento: política e filosofia*. Tradução de Ângela Leite Lopes. 1ª ed. São Paulo: Editora 34.

Os autores *queer* propõem uma desontologização do sujeito como política. Há aqui também o movimento de se opor à ontologização e a uma teleologia a partir daquilo que no feminino é *indizível.* Não se pode dizer sobre o porvir sem levar em conta que aquilo que há de indeterminado nos corpos não pode ser dito, e é o que abre caminho para a invenção: para a prefiguração de novas formas de vida, de se fazer política e de relacionalidade. Se furtar de dizer algo é também uma estratégia para preservar a negatividade – há um limite sobre o que se pode falar sobre o feminino, daí a importância da lógica.

Reconhece-se, então, os limites teóricos e as dificuldades inerentes aos objetos e ao método escolhidos para dar prosseguimento ao texto. Faz-se necessário, em qualquer escrita, o endereçamento e o autorizar-se de si mesmo e de alguns outros. Este ensaio tem por destinatário aqueles que se interessam por outros modos de se compreender o sujeito e de se fazer política, posto que, se os limites aí estão postos, estão postas também as condições para que sejam superados.

CAPÍTULO 1
Um sujeito para a cultura: a diferença sexual como pressuposto para o reconhecimento

Este primeiro capítulo será dedicado a descrever como há uma virada no entendimento sobre o sujeito na França, a partir do século XX, que é fundamental para se pensar a questão do sexual e da diferença sexual que tanto interessam ao feminismo.

A temática do sujeito é central na filosofia francesa. Esta foi inaugurada por Descartes,[68] filósofo mecanicista[69] de ex-

---

[68] Filósofo francês cuja concepção de sujeito a partir do *cogito* cartesiano, "Penso, logo existo", foi fundamental para a Revolução Francesa.

[69] Federici discorre como Hobbes e Descartes, baseados nos avanços dos estudos anatômicos, atuaram em uma dupla operação: da desmistificação do corpo humano, até então regido por "forças ocultas" da natureza, para a mecanização utilitária deste corpo a serviço do Capital. Enquanto Hobbes defende um Estado absoluto, a fim de conter o que seria animalesco nos corpos governados, Descartes advoga pela racionalidade em que cada sujeito, consciencioso, internaliza a lei e se submete tanto ao governo do Estado quanto ao governo de si. Federici, S. (2017) *Calibã e a Bruxa: mulheres, corpo e acumulação primitiva*. Tradução do Coletivo Sycorax. São Paulo: Editora Elefante.

trema notoriedade para a Revolução Francesa, cuja concepção de sujeito serviu de base para propagar os ideais burgueses que vigoram nas democracias liberais até os dias de hoje.

O modo como se compreende o sujeito tem efeitos políticos e de relacionalidade para além daqueles previamente estimados. Portanto, uma mudança na visada sobre o sujeito possibilita também novos destinos teóricos, políticos e subjetivos.

Em um primeiro momento, será debatido o modo no qual a questão sexual e a diferença sexual se tornaram de estima filosófica. Em seguida, será interrogado o porquê de a diferença sexual ter um papel tão preponderante nos regimes de reconhecimento na atualidade. Para responder a tal questionamento, a psicanálise servirá como um importante instrumento de análise, uma vez que ela proporciona um giro no entendimento da temática do sujeito após Descartes, em que os moldes de racionalidade parecem ruir diante do sexual.

Uma nova visada sobre o sujeito ou vocês só pensam naquilo

Segundo Safatle,[70] houve no século XX um marco filosófico ao se tomar o sexual como objeto de estudo capaz de criticar e renovar certa concepção reificada[71] de sujeito, até então em vigor. Entre as correntes que participam de tal transformação, vale destacar a psicanálise freudiana enquanto fun-

---

[70] Safatle, V. (2015) Pósfacio dos problemas de gênero a uma teoria da despossessão necessária: ética, política e reconhecimento em Judith Butler. In: *Relatar a si mesmo: Crítica da Violência Ética*. Belo Horizonte: Autêntica, p. 173-176.

[71] Objetificada. Coisificada.

dadora, inevitável e essencial para se tomar o sexual como objeto de conhecimento.

Se há algum lugar em que tal reflexão filosófica teve maior vazão, esse lugar foi certamente a França, posto que o século XX foi um momento profícuo nos campos da filosofia, história, ciências políticas e psicanálise. Ainda que a produção francesa esteja atrelada a uma filosofia da linguagem, há algo para além da linguística e do estruturalismo que vivificam seu pensamento e que é do campo do sexual. Entre as correntes que foram manifestamente modificadas, ao mesmo tempo em que modificaram o campo filosófico, se destacam as produções de Foucault, Deleuze, Derrida, Simone de Beauvoir e Lacan.

Talvez a melhor definição a ser utilizada e que importa nesse primeiro momento é a "filosofia francesa contemporânea", de modo que os autores contemporâneos seriam aqueles cuja geração se concentra na segunda metade do século XX. Segundo Badiou,[72] na genealogia[73] dessa filosofia estava, em todo momento, a psicanálise freudiana e um apreço pela temática do sujeito, iniciada por Descartes. Badiou localiza timidamente um despertar para a sexualidade e os estilos de vida, como uma derivação da vontade de modernizar a filosofia na época.

Mas é lícito questionar se o sexual desempenhou um papel tão precário no desenvolvimento, e êxito, da filosofia contemporânea francesa. Se a princípio o sexual enquanto objeto parece estranho, é bom recordar que a reflexão filosófica serve a qualquer matéria estranha e que melhor atende o que (lhe) é estranho.[74]

---

[72] Badiou, A. (2012/2015) *A aventura filosófica francesa no século XX*. Tradução de G. Ianni e A. Teixeira. Belo Horizonte: Autêntica.

[73] Gênese, história das origens.

[74] Safatle, V. (2014).

É notório que tanto Badiou quanto Safatle tomem como central a questão do sujeito na filosofia da época. Pode-se inferir que a grande novidade introduzida pela elaboração intelectual de alguns autores parte de uma visada sobre o sexual enquanto aquilo que é constitutivo e que viabiliza os corpos para a cultura, ao mesmo tempo em que algo na experiência do sexual possibilita momentos de descontinuidade do sujeito de quebra com o domínio cultural.

Se em parte a psicanálise freudiana já era partidária dessa posição no campo da filosofia, posição de tomar o sexual como objeto de estudo, por outro, é bem provável que já houvesse na França algo que apontasse diretamente para o domínio do sexual na concepção do sujeito. Antes do advento da psicanálise, o encontro de Freud com Charcot na Salpêtrière, famoso hospital psiquiátrico francês na época, atesta a favor disso: a lição de Charcot a Freud sobre a histeria é que "*Mais, dans des cas pareils, c'est toujours la chose génitale, toujours, toujours, toujours*".[75]

A psicanálise surge enquanto dispositivo clínico e político que permitiu superar uma tendência normalizadora e restritiva do sexual que então prevalecia. Em tempos paradoxais de silenciamento público e de notórias investigações de questões de ordem sexual, a psicanálise adentra este campo de modo novo.

Posto que tais temáticas eram objeto de atenção de confessionários e de outros aparatos, jurídico, médico e psicológico, que intentavam criar uma figura daquilo que seria o "normal" e o "humano". Porém, a psicanálise eleva à dignidade de escuta o sofrimento das mulheres, que são as ver-

[75] "Mas, nesses casos, é sempre a coisa genital, sempre, sempre, sempre" (tradução nossa).

dadeiras pioneiras na clínica psicanalítica, e se atrai pelas manifestações do sexual, em um viés diverso da leitura patologizante e moral vigente.

De um modo geral, o que é introduzido pela psicanálise, esta que é contemporânea do movimento feminista,[76] é que havia, no início do séc. XX, uma série de adoecimentos psíquicos aos quais as mulheres eram acometidas, cuja origem era de cunho sexual. Talvez tenha havido para a histeria da época dois destinos produtivos e não excludentes: a clínica psicanalítica e a luta feminista!

O diálogo entre a psicanálise e o feminismo é um dos mais profícuos para ambos os campos de saber. É justamente por oferecer novos modos de se conceber o sujeito que a psicanálise se tornou objeto atraente para a militância e teorias feministas. A psicanálise sofreu uma série de críticas por parte das teóricas e militantes do movimento feminista; ao mesmo tempo, foi essencial para denunciar as condições de privação e repressão sexual às quais as mulheres estavam submetidas.[77]

Se a clínica e a teoria psicanalíticas emergiram da fala das histéricas, a elas se deve também essa nova visada de sujeito: fora dos moldes de racionalidade inaugurados na Revolução Francesa e em que o sexual é chave para pensar um sujeito despossuído[78] e descentrado.[79] O diálogo/debate entre a psi-

---

[76] Van Haute, P., Geyskens, T. (2016).

[77] Kehl, M. (1998/2007).

[78] Fora da lógica dos atributos, que distingue os corpos entre masculino ou feminino e da vivência sexuada no capitalismo pela ficção de *ter* um sexo.

[79] Que não é determinado por sua história de vida, como acredita a psicologia.

canálise e o feminismo gera, inclusive, uma nova alternativa para a reflexão do sujeito e da política.

Seguindo essa linha de raciocínio, talvez tenha sido a histeria enquanto quadro clínico de interesse da psiquiatria e da psicanálise, e enquanto denúncia social e política das mazelas às quais as mulheres eram submetidas - de onde germinou o movimento feminista –, a propulsora de uma nova onda dentro da filosofia. Desde então, a diferença sexual passou a ser entendida como aquilo que constitui os sujeitos e a relação sexual, ou a experiência erótica, como aquilo que ultrapassa a diferenciação.

Se por um lado a psicanálise freudiana iniciou uma nova gramática e modo de falar sobre sexo, fora do moralismo presente nos confessionários, dos processos patologizantes da medicina e da criminalização das práticas e identidades sexuais, nem por isso ela deixou de ser vista com desconfiança por Foucault. Para o historiador francês, haveria algo para além da repressão à qual a moral vitoriana impunha aos corpos no geral (e das mulheres em particular). Para ele haveria mais uma incitação a falar de sexo do que uma repressão, logo haveria algo de produtivo no falar sobre sexo. Pode-se inferir que a repressão era o modo de direcionar tais falas a locais específicos nos quais a incitação servia a propósitos de classificação: a criação de uma "ciência da sexualidade", que segregava o que era normal e o que era patológico.

Foucault,[80] no volume I da obra História da Sexualidade, descreve como houve a partir do século XVI um zelo especial em torno da sexualidade. Ou seja, trabalha com a ideia

---

[80] Foucault, M. (1976-1984/1988) *História da sexualidade I: A vontade de saber*. Tradução de M. T. C. Albuquerque e J. A. G. Albuquerque. Rio de Janeiro: Edições Graal.

de que esta até então era vivenciada com maior naturalidade e espontaneidade – como se fosse praticável supor ou criar uma mitologia[81] do sexual dessa forma –, passando a ser escrutinada por diversos campos do saber: a psicologia, a medicina, o judiciário e a religião.

O ponto em que esses campos do saber centravam seus esforços era rigorosamente na determinação de uma sexualidade normal e de uma sexualidade desviante, e mais ainda, na construção de categorias e espécies. Segundo o historiador, é a partir do ideal regulatório que as sexualidades seriam constituídas e colocadas em regimes de comparação. Os esforços da vontade de saber em descrever, julgar e moralizar o campo da sexualidade resultariam em "escolher", a partir daquilo que a religião, medicina, psicologia e direito consideravam como normal, qual seria o ideal regulatório que serviria de modelo para as demais sexualidades. No caso, ainda que se encerre certa arbitrariedade velada pelos poderes disciplinares, o modelo seria o casal heterossexual, monogâmico, sob contrato matrimonial.[82] Todas as demais sexualidades seriam sexualidades desviantes.

Porém, haveria um constante movimento de constituição dessas sexualidades normal e desviante. O ideal regulatório exerceria uma força centrípeta, ou seja, o ideal recairia sobre todas as demais sexualidades que, por mais que se diferenciassem da primeira, nela se inspirariam. Ao mesmo tempo, o ideal sofreria uma força de refluxo, logo, as sexualidades

[81] Relato fantástico que obedece a uma lógica interna.

[82] Para Federici (2017) a eleição do casal monogâmico heterossexual responde a uma demanda do Capital pelo controle reprodutivo da força de trabalho.

desviantes retornariam sobre o ideal, permitindo a reconfiguração do mesmo.

Logo, o livro de Foucault oferece um forte indicativo de que houve um momento histórico em que o sexual se tornou aquilo que viabilizaria o sujeito para a cultura, portanto, aquilo que permitiria uma compreensão e entendimento do que seria normal e o que seria patológico no campo da sexualidade. Dito de outro modo, o que seria da ordem do humano ou do inumano poderia ser julgado a partir da sexualidade.

No mesmo livro, Foucault deixa claro o ranço que possui em relação à psicanálise, uma vez que a compreende enquanto um dos dispositivos interessados em ouvir acerca da vida íntima e sexual dos sujeitos para montar um quadro do normal e do patológico a partir desta escuta. Para ele, a psicanálise é produto desta incitação institucionalizada a falar de sexo, como se este fosse um meio para: alcançar a felicidade, possibilitar a transgressão e revelar a verdade.

Essa incitação a falar sobre o sexo teria por objetivo descrever, reprimir e produzir sexualidades. Ao fazê-lo, surgiriam os contornos de inteligibilidade sobre o que seria normal e o que seria patológico e quais os regimes de reconhecimento atuariam sobre os corpos para assim nomeá-los. Ou seja, o sexual se tornou, a partir do século XVI, a base para o reconhecimento social dos corpos enquanto normais e humanos ou desviantes e patológicos.

Um sujeito só é um sujeito passível de ser reconhecido por seus pares e pelo Estado – instituição responsável por gerir e organizar o corpo social – se este sujeito é sexuado. Segundo Lacan, no seminário XX *mais ainda...*, o sujeito é sempre um sujeito sexuado e tem por eventualidade se inscrever enquanto homem ou mulher.

Este é um ponto crucial para indagar os regimes de reconhecimento, diferenciação e dominação. É claro que a atração pelo sexual não se restringe à diferença anatômica entre os sexos, e nem é a diferença sexual a única forma de repartir os corpos e produzir regimes de reconhecimento e diferença. Mas, talvez, a nível inconsciente, exista uma repartição que preceda às outras: a aposta aqui é que esta é a repartição urinária!

Afirmar isso não significa negar as técnicas de dominação social e estrutural também sustentados em segregações de raça, estratificação da sociedade em classes, imperialismo e colonialismo e assim adiante. Muito menos de construir uma ontologia da diferença sexual. Porém, ao retomar a leitura do texto freudiano *Algumas consequências psíquicas da diferença anatômica* vale lembrar como essa viabiliza um ego corporal sexuado. Ou seja, para a psicanálise, a instância egóica, relativa ao Eu, só é possível pelo processo de diferenciação sexual.

Freud explica: por que a diferença sexual?

Freud[83] narra a autoridade do encontro alteritário[84] com o sexo na constituição do ego corporal. É claro que as demais divisões e segregações sociais preexistiam às formulações freudianas e ele chegou a dedicar parte de suas investigações àquilo que

[83] Freud, S. (1925/1996). Algumas consequências psíquicas da distinção anatômica entre os sexos. In *Edição standard brasileira das obras psicológicas completas de Sigmund Freud.* Tradução de J. Salomão. Vol 19, pp.273-286. Rio de Janeiro: Imago.

[84] Relativo à distinção, diferença. Que se opõe à identidade em um processo de interdependência: é preciso do Outro para se supor idêntico a si mesmo.

nomeou como narcisismo das pequenas diferenças e que corresponde aos pequenos agrupamentos culturais hostis àqueles que não pertencem a ele.[85] Porém, há algo na diferença sexual, esta que coloca o sujeito em uma divisão interna consigo mesmo, que atua diretamente na constituição egóica.

Não obstante, os sujeitos que se veem ameaçados pelos discursos emancipatórios presentes no feminismo e nas políticas sexuais temem justamente a dissolução de seu ego. Como se caso os contornos daquilo que fora delimitado como feminino ou masculino se transfigurassem ou se perdessem, ocorreria a própria dissolução imaginária que deu contorno àquele corpo.[86]

É curioso como a questão do imaginário produz efeitos ficcionais de constituição de identidades sexuadas e até mesmo racializadas, como preconiza Neusa Souza Santos, em seu livro, Tornar-se Negro, de 1983.[87] Este livro é um exemplo fascinante do modo como a autora pensa, através das teorias da Ideologia de Louis Althusser e da psicanálise, a questão da raça e da autoestima negra. Para a autora, os sujeitos negros podem vir a assumir uma posição melancólica na constituição de si mesmos, servindo como exterioridade à raça branca, que goza do status de humano.

A obra de Neusa tem forte relação com a teoria da melancolia de gênero de Judith Butler e até precede algumas das teses de Butler. Para ambas as autoras, há algo na melancolia

---

85 Freud, S. (1930/2010) "Mal-estar na civilização", in *Obras completas*. São Paulo: Companhia das Letras.

86 Moreira, M. M. (2017) "A emancipação feminina e as desordens no real do sexo". *Revista Curinga*, n. 44. P. 77-88.

87 Santos, N. S. (1983) *Tornar-se negro: as vicissitudes da identidade do negro brasileiro em ascensão social*. Rio de Janeiro: Edições Graal.

e nos processos de incorporação que participam fortemente na constituição do Ego, assim como o é em Freud. Porém, elas propõem que o Ego deve ser compreendido levando-se em conta as normatividades e exigências sociais em que algumas identidades se sobrepõem a outras. A tese de Neusa antecede à de Butler, mas sofreu os efeitos de esquecimento aos quais estão sujeitos os saberes de sujeitos femininos, racializados e de países de terceiro mundo.

De toda forma, as pequenas diferenças referem-se à constituição de um Ego. Ou seja, o Outro está presente na constituição do Ego; pois é preciso tanto uma *separação* do sujeito em relação aos outros, ao mesmo tempo em que essa *diferenciação* ocorre via processos *identificatórios* e de *incorporação* de traços desses outros.

Antes de se enunciar qualquer atributo no qual um sujeito possa se fazer reconhecer e que interfira em sua história de vida, este sujeito é uma mulher ou um homem. O que significa que, importa primeiro informar sobre um sujeito se é "ele" ou "ela" para depois lhe exprimir os demais atributos como raça, idade, sexualidade, classe social, etc.

> Todos nós temos amigos que, quando nos batem à porta, e quando de dentro, atrás da porta fechada, perguntamos: "quem é?", respondem (pois "é evidente") "sou eu!". De facto, reconhecemos que "é ela" ou que "é ele".[88]

Durante uma conferência no Brasil, após ter sido duramente rechaçada por grupos conservadores religiosos, Butler[89]

---

[88] Althusser (1976), p. 96 citado por Butler, J. (1993/2019) *Corpos que importam*. São Paulo: n-1 edições.

[89] Butler, J. (2015) Conferência Magna Primeiro Semiário Queer,

contou de forma anedótica uma brevidade pela qual passou em que um garçom, confuso em relação a qual gênero deveria utilizar para se referir a ela, antes de anotar o seu pedido, ficou oscilando entre o “Sir, Madam, Madam, Sir” *ad infinitum*, até que ela interrompeu essa cena jocosa perguntando-lhe se era necessário estabelecer o seu gênero antes de lhe endereçar uma pergunta. O embaraço da questão é que, talvez, para o nosso modelo de reconhecimento ocidental atual, seja! O que não impede de esclarecer que, ainda que opere dessa forma, este não possa ser desmontado e repensado – *até pelo ridículo de tal exigência.*

O que se tenciona neste ensaio difere, e muito, das teorias interseccionais e multiculturalistas – em que cada um desses fatores aparece como determinante e sem sobrepor um ao outro –, e das teses de Judith Butler. Mais adiante, será debatido como a interseccionalidade pode atuar de modo a balançar a categoria identitária, ao acusar os limites e perspectivas de vacilação da mesma.

A ideia aqui não é atestar que os demais regimes de reconhecimento tenham influência menor do que o sexual, ou propor algum tipo de ontologização e primazia da questão da diferença sexual, como o fazem as teorias fundacionistas do sexo – algo do que muitos acusam a psicanálise –, ou como se fossem diferenças materiais cuja materialidade não pudesse ser questionada.

Seguindo por um caminho diverso, propõe-se que as consequências psíquicas da diferença anatômica, estas que são imaginárias, e não a diferença sexual em si, têm por efeito *aparentar* serem necessárias para a constituição egóica.

Sesc. Disponível em https://www.youtube.com/watch?v=TyIAeedhKgc&t=3848s Acesso em 7 de set. de 2021.

De modo que, a ontologização do ser é posterior à ontologização do gênero.[90] Implica que, imaginariamente, tanto a teoria psicanalítica, quanto o psiquismo humano, possuem uma visão fundacionista da diferença sexual. Para além do modo como algumas teorias (inclusive teorias feministas) apregoam a diferença sexual como "dado biológico", "neutro" e "pré-discursivo", como simples fato observável,[91] há, para o campo do imaginário, a aparência de que esta é a diferença primeira e a que de fato vale – tanto aos regimes de reconhecimento quanto às atividades sexual e erótica.

Para Judith Butler,[92] o sexo é uma das normas pelas quais um sujeito se torna viável; logo, não seria a única norma, muito menos a primeira, até porque não há como afirmar de todo que o "sexo" opera de modo independente de outras normas sobre os corpos. Dizer de como um sujeito se torna viável pelo sexo não significa imputar uma temporalidade do tipo "há sujeito uma vez que ele assumiu um sexo" ou "há um sujeito apto para assumir um sexo". Ademais, para além da crítica fundacionista, Butler defende que há outros regimes incidindo sobre os corpos e que eles não devem ser simplesmente adicionados à diferença sexual, o quê, de certo modo, é também uma crítica ao multiculturalismo e políticas interseccionais que por vezes incorrem nessa somatória.

Bom, talvez valha a pena questionar o que estaria por detrás disso. A aparência estática que é conferida à diferença sexual, enquanto diferença material incontornável e

---

90 Os estudos sobre o ser e a busca de sua essência passam também pela divisão e diferenciação deste ser em duas essências a partir do sexo.

91 Butler, J. (1990/2010).

92 Butler, J. (1993/2019).

sem história, talvez faça com que ela seja sempre a primeira diferença a ser apontada. Ou talvez se trate de algo ainda mais brutal, dado à primazia do falo[93] no inconsciente. Ou seja, pelo fato que para as teorias sexuais infantis prevaleça um monismo[94] sexual que reconhece apenas o pênis como existente, essa seria a primeira demarcação imaginária da diferença, cuja força e perpetuação se mantém por ser da ordem do imaginário.

O primado do falo na teoria psicanalítica atesta a seguinte realidade: a nível inconsciente só há um sexo, o masculino. Há somente a inscrição do falo; é ele que se configura como existente. Este monismo sexual aponta para o binarismo na teoria, já que, a menor codificação, a representação por símbolos, exige no mínimo dois elementos. O binarismo na psicanálise não é entre o Homem e a Mulher, mas entre o Existente e o Inexistente. É isso o que faz com que Homens e Mulheres não sejam opostos e nem complementares, assim como o 1 não faz oposição ao 0 e nem este é seu complemento.

Para além do monismo sexual, que se faz presente nas teorias sexuais infantis e em suas investigações sobre a origem dos bebês,[95] há também a questão da predisposição à bissexualidade, de onde se deduz que há algo no sexual que atra-

---

[93] O falo é tanto o pênis quanto a sua representação simbólica e imaginária. Tanto o dado corpóreo quanto os efeitos imaginários e ordenadores no campo simbólico.

[94] Princípio único.

[95] Freud, S. (1908/1996). "Sobre as teorias sexuais das crianças". In: *Edição standard brasileira das obras psicológicas completas de Sigmund Freud.* Tradução de J. Salomão. Vol 9, pp. 189-204. Rio de Janeiro: Imago.

vessa tanto os corpos quanto a teoria freudiana anteriormente à sua estruturação.[96]

Conforme colocam Van Haute & Geyskens,[97] há na teoria freudiana não um, mas dois Freuds. Um primeiro Freud zeloso em estudar o sexual e os adoecimentos enquanto tendências libidinais de maior ou menor investimento, e que compreende tanto a predisposição à bissexualidade, ou seja, os objetos de amor independem de sexo ou gênero, quanto o seu caráter perverso e polimorfo. A sexualidade é perversamente orientada, pois não visa à reprodução e polimorfa por se apresentar em infinitas modalidades. Já o segundo Freud se dedica a dar contornos à experiência do sexual através dos processos de identificação, incorporação e escolha de objeto, estes ligados aos complexos de castração e de Édipo.

Talvez, devido à radicalidade com a qual corpo feminino é tomado nas culturas ocidentais como Outro – como alteridade com a qual o sujeito se constitui e se diferencia –, seja o que faz a diferença anatômica ter efeitos de, inconscientemente, ser a primeira inscrição da diferença a dar contorno ao corpo de um sujeito. Ao mesmo tempo em que o divide pela ameaça de que algo se perca ou pela constatação de que não há nada a perder.

O curioso é que a diferença sempre se apresenta como uma ameaça ao sujeito egóico que procura se ancorar dentro de uma identificação. Segundo Reino & Endo,[98] toda

---

96 Moreira, M. M. (2019).

97 Van Haute, P., Geyskens, T. (2016).

98 Reino, L. & Endo, P. (2011) *Três versões do narcisismo das pequenas diferenças em Freud. Trivium - Estudos Interdisciplinares*, 3(2), 16-27. http://pepsic.bvsalud.org/scielo.php?script=sci_arttext&pid=S2176-48912011000200004&lng=pt&tlng=pt. Acesso

diferença ameaça a integridade do Ego, de modo que é razoável inferir que a agressividade e a negação são atividades neuróticas de preservação narcísica. Para os autores, reconhecer a diferença acarreta alterações psíquicas que o Ego, caso lá se alinhe, não o faz de bom grado.

Por consequência, há um grande dispêndio de energia e perdas egóicas sofridas por um sujeito no movimento de reconhecer o diferente e lidar, daí por diante, com a ferida narcísica que o impede de prosseguir com seu monismo sexual infantil e projeção de si no outro. Reconhecer o outro como diferente é uma ameaça também às fantasias infantis de controle de si e deste outro. Uma vez identificado enquanto Homem ou Mulher, a partir da diferença sexual, todos os processos próprios da sexualidade, que desestabilizem tais posições podem emergir novamente como uma ameaça à integridade física deste sujeito, ao mesmo tempo que são passíveis oferecer outras formas de relacionalidade e experiência corpórea.

Decorre que a curiosidade em relação ao que é da ordem do sexual e da sexualidade gira em torno dessa suposição de uma diferença que precisa ser, o tempo todo, continuamente reafirmada. Além de consistir no que seria um homem ou uma mulher, é preciso fazê-lo dentro de um regime de diferenças que os determine subjetivamente e os organize de acordo com papéis sociais generificados. E, de preferência, para assim garantir a funcionalidade do regime, é preciso que os papéis não coincidam, se excluam e construam, simultaneamente, a aparência de complementaridade.

Por um lado, a diferença sexual importa aos grupos conservadores por garantir um projeto societário que tem a

---

em 21 de ago. de 2021.

diferença como pressuposto do reconhecimento. Por outro lado, o sexual é aquilo que extrapola qualquer tentativa de lê-lo sob um regime de igualdade, diferença ou o que seja. No sexual estão as linhas de fuga para o narcisismo das pequenas diferenças.

Segundo Maria Rita Kehl, no texto "A mínima diferença":

> É quando a diferença é pequena, e não quando é acentuada, que o outro se torna alvo de intolerância. É quando territórios que deveriam estar bem apartados se tornam próximos demais, quando as insígnias da diferença começam a desfocar, que a intolerância é convocada a restabelecer uma discriminação, no duplo sentido da palavra, sem a qual as identidades ficariam muito ameaçadas.[99]

O feminismo tem um papel duplo e ativo nessa ameaça às identidades. Por um lado, há a teoria feminista, herdeira da tradição filosófica descrita anteriormente, cuja profícua produção intelectual criou novas metodologias e leituras sobre o sujeito que perturbam os campos da ciência e da política. Por outro, há um movimento político e ações políticas que tanto se ancoram quanto servem às teorias feministas, fazendo da questão sexual algo de diligência pública.

---

[99] Kehl, M. (1992) "A mínima diferença". https://blogdaboitempo.com.br/2015/03/02/maria-rita-kehl-a-minima-diferenca/ Acesso em 21 de ago. de 2021.

CAPÍTULO 2
Um sujeito para o feminismo

A fim de dar sequência às discussões sobre o entusiasmo pelo sexual e pela diferença sexual da filosofia francesa contemporânea, e de como e por que a diferença sexual é uma baliza de reconhecimento determinante atualmente, será feito um movimento de retorno ao contexto em que o sujeito como objeto filosófico se formou: A Revolução Francesa!

Neste capítulo será debatida a relevância que a temática do sujeito adquiriu para o feminismo, posto que, de certa forma, é algo que até mesmo viabilizou o feminismo enquanto projeto político. Para tanto, será imperativo de início recuperar alguns dos fundamentos presentes no contexto em que surgiram as primeiras autoras a reivindicar a posição de sujeito de direitos.

Os ideais de Liberdade, Igualdade e Fraternidade em que se apoiou a Revolução Francesa são devedores de uma concepção de sujeito racionalista, o sujeito universal de direitos. Ainda que, a princípio, estes ideais não se estendessem às mulheres, eles possibilitaram, de alguma forma, um protofeminismo de época, em que as mulheres passaram a reclamar, para além de direitos, o estatuto de sujeito.

Há também na Revolução Francesa uma contradição curiosa. Por um lado, ela criou condições para as mulheres reivindicarem esses ideais para si através do selo igualdade, que é justamente aquele que permite um universal. Por outro, há um paradoxo que faz com que essa igualdade se dê pela exclusão das mulheres. Ou seja, neste momento a questão da diferença sexual se tornou fato natural e social, base ontológica para discriminar os diferentes dos iguais.[100]

É necessário retornar a essas noções porque, ainda que a Revolução Francesa tenha ocorrido no século XVIII, seus impactos são de uma atualidade incontestável. Afinal, tal Revolução foi um marco da revolução burguesa e da propagação de seus ideais, que estão fortemente atrelados ao que se concebe (e se limita): a política e o sujeito.

Por mais utópicos e até mesmo bonitos que tais ideais aparentem ser, são ideais que tem por consistência não mais que uma bela aparência. Vale então discutir a que servem estes ideais: liberdade de comércio, exclusão institucionalizada e reprodução da mentalidade patriarcal, respectivamente.

A concepção de sujeito que vigorou a partir daí é a mesma que faz reproduzir os ideais da democracia liberal, regime político que se mantém na maioria dos países ocidentais, dentre eles o Brasil – ainda que em países que passaram por processos de colonização,[101] a promessa de uma democracia liberal foi mal sucedida. Num primeiro momento, serão debatidos os efeitos destes ideais dentro do feminismo e sua tentativa de construir um sujeito universal à imagem e semelhança daquele que era o sujeito de direitos. Em seguida, haverá uma discussão concernente ao modo como o feminismo perturba as formulações do universal nos campos da ciência e da política. A título de exemplo, serão problemati-

---

[100] Scott, J. W. (1999/2005).

[101] Fanon (2008) *Pele negra, máscaras brancas*. Salvador: Editora: UDUFBA.

zadas a noção de "lugar de fala", divulgada pela filósofa Djamila Ribeiro, e a teoria da ação política de Judith Butler para o feminismo, em que a identidade não opera como pressuposto político.

Uma velha visada sobre o sujeito: liberté, égalité, fraternité – para quem?

Segundo Fuentes,[102] o maior entrave intelectual do feminismo se deve aos esforços do mesmo em construir um sujeito universal para o seu movimento. Esse sujeito universal é devedor da racionalidade iluminista francesa: dos ideais da revolução burguesa de igualdade, liberdade e fraternidade, contanto que estes sejam pensados, obrigatoriamente, a partir de um regime político e econômico que garanta a manutenção do capitalismo.

Esta é então a primeira armadilha à qual é apresentada ao feminismo: ao buscar um sujeito universal, talvez houvesse também um primeiro esforço em atender às demandas do Estado e do Capital. Os próprios ideais iluministas, estes que guiam até hoje a sociedade moderna, tiveram sim o seu caráter revolucionário em um momento inicial.

De acordo Marx & Engels,[103] houve uma revolução burguesa progressista e de relevância para se desvincular dos regimes de exploração que estavam presentes na sociedade feudal, destruindo relações patriarcais e idílicas, porém a custo de reduzi-las a relações puramente monetárias e de aparente impessoalidade, pela via do dinheiro.

---

[102] Fuentes, M. J. S. (2012).

[103] Marx & Engels (1890/2008).

Porém, uma revolução não tem um fim em si mesma e não garante o fim de estruturas de opressão e estratificação social. Talvez, após a revolução encabeçada pela burguesia, essas estruturas tenham se tornado ainda mais sutis e ardilosas que antigamente. Até porque, as condições materiais para a sua emergência encontraram solo pré-político na sociedade feudal, de modo que é nela que a burguesia se apoia, ao mesmo tempo em que se coloca para a superação desta.

Marx & Engels são críticos à Revolução Francesa e a seus ideais ou *palavrório* de liberdade, igualdade e fraternidade, atrelados ao regime Capitalista. Ou seja, são críticos ao paradoxo que torna necessário pensar tais ideais sem que eles acarretem prejuízo ao sistema de opressão que nele se ancoram.

Liberté

Para os autores, a liberdade para o burguês alude tão somente às liberdades da circulação de mercadorias (dentre elas o dinheiro) e da exploração da mão-de-obra com a mínima intervenção do Estado, cujos propósitos devem ser focados na garantia e na manutenção das vantagens de mercado quando algo ameaça o seu pleno funcionamento.

Conforme ensina o Manifesto Comunista, a liberdade para a moral burguesa diz respeito à liberdade de comércio, ao mesmo tempo em que propõe, falsamente, que os homens são livres para oferecer sua mão de obra para trabalho como mercadoria e para assinar contratos. Afinal, um contrato presume tanto a liberdade quanto a igualdade e criar essas ficções foi uma das tarefas principais da produção capitalista.[104]

---

[104] Engels, F. (1891/2019) *A origem da Família, da Propriedade*

Para Scott:[105]

> Os termos do contrato liberal referem-se a indivíduos. A ficção do indivíduo abstrato, desencorporado é uma grande virtude da teoria democrática liberal; foi feita para garantir a igualdade completa perante a lei.

Que essa ficção seja falha, a ela se deve toda a lógica da democracia radical liberal conservadora. Afinal, um liberal conservador nada tem a ver com a ressignificação do termo pela Direita Brasileira, e sim com um posicionamento legalista apoiado na Constituição. A filósofa Hanna Arendt é um exemplo sobre como foram forjados falsos paralelismos entre os governos de Hitler e Stalin, ao colocá-los sobre a mesma égide de "Regimes Totalitários" e definir que as lutas empregadas em atos de desobediência civil só seriam válidas caso o Estado quebrasse o contrato estabelecido com os cidadãos.

Égalité

Sobre o ideal de igualdade, a partir dos valores burgueses, pode-se argumentar que este se refere àqueles que são os cidadãos portadores da racionalidade e aptos a estabelecerem relações contratuais. Portanto, aqueles que pertencem às classes subalternas serão tidos como iguais tão somente ao assinarem um contrato, verbal, físico ou imaginado, de consentimento com a própria exploração; até porque o Direito expressa a vontade de sua classe e é determinado pelas

---

Privada e do Estado. São Paulo: Boitempo.

105 Scott, J. W. (1999/2005), p. 23.

condições materiais da mesma: visa a proteção da propriedade privada. No mais, caberá a uma pequena parcela da população a chance de gozar da alienação da igualdade e dos processos deliberativos na burguesia.

Segundo Scott,[106] a Revolução Francesa encabeçou o ideal da igualdade sustentando um paradoxo, de modo que, desde o princípio, escravos, mulheres e pobres não deveriam ser compreendidos como cidadãos.[107] Dito de outro modo, gozam da igualdade aqueles que alcançam a figura de um indivíduo abstrato, a saber, o "homem branco", o que, por conseguinte, exige que alguma semelhança com essa figura seja demonstrada e creditada para a obtenção do status de cidadania.

É daí que importa para os regimes de reconhecimento a questão da diferença sexual, já que o contrato que faz dos homens "livres" e "iguais" conjectura a exclusão das mulheres. Para Scott, este é o *paradoxo da igualdade*,[108] fundar um conjunto de iguais, pressupõe inevitavelmente a exclusão do diferente, um universal exige a nomeação e designação do diferente. Ou seja, a igualdade enquanto um ideal é desde já inviável. O que as mulheres operaram num primeiro momento do feminismo? Ao procurar consistir um sujeito universal Mulher que fosse detentor de direitos, dos *mesmos* direitos que os homens, o feminismo perturbou a própria

---

106 Scott, J. W. (1999/2005).

107 A escravidão na França e seus domínios imperiais e coloniais só foi abolida em 1848, com o advento da 2ª República.

108 Para outras relações entre o "paradoxo da igualdade" e a universalidade, ver Sales, C. F.; Marcos, C. M. (2020) "Do particular ao universal: a força do performativo na subversão do sujeito". *Affectio Societatis*. V. 17, p. 157-178.

noção de igualdade, porém encontrou, dentro do próprio movimento, impasses. As políticas que visam a inclusão apontam e justificam os regimes de diferença ao acesso: a exclusão é institucional.

O movimento feminista, por mais afeito que seja aos ideais libertários e progressistas, não é um movimento que está isento de fazer uma política a partir de um telos masculinista ou de reproduzir as diferentes formas de opressão presentes na sociedade.[109] De fato, o movimento feminista incorre em um erro ao restringir sua pauta e seu olhar sobre o sujeito enquanto um sujeito de direitos, o sujeito proprietário que toma o corpo como um de seus bens ao mesmo tempo em que visa assumir uma universalidade dessexualizada e asséptica.

É curioso como a perpetuação dos valores franceses faz com que incorram no engodo de tornar o movimento feminista em um movimento liberal, legalista, punitivista. Na defesa radical da democracia, o movimento pode atuar inadvertidamente a favor da própria estrutura de classes, que muito interessa à exploração sexual, patriarcal e generificada.

Os ideais burgueses forneceram condições materiais para as mulheres *também* reivindicarem seus direitos, enquanto cidadãs, de igualdade, liberdade e fraternidade. As mulheres conquistaram o voto e a participação política e na vida pública a partir de ideais que, a princípio, não se estendiam a elas. Pode-se citar, a título de exemplo, a obra de Mary Wollstonecrafts. Os livros *Uma Reivindicação dos Direitos dos Homens* e *Uma reivindicação pelos direitos da Mulher,* são baseados nos ideais da Revolução Francesa, porém críticos ao modo como

---

109 Butler, J. (1990/2010).

esta operou de fato na defesa de uma "nova" aristocracia e na perpetuação de processos que nada objetivavam a igualdade, liberdade e fraternidade.

Decorre que estes iguais que gozam da mesma liberdade o fazem sobre a égide da fraternidade. Ideal este centrado na defesa da família burguesa enquanto a menor unidade presente no sistema capitalista e gerido a bel prazer do patriarca e pela estratificação generificada dos demais membros de sua família. O que se pode inferir é que advogar por uma sociedade de irmãos parece se justificar na tradição, na religião e na idealização da família burguesa: local institucionalizado da exploração sexual e doméstica feminina.

Fraternité

Friedrich Engels, no livro "A origem da família, da propriedade privada e do Estado", considerado um clássico entre as feministas, sustentado pela antropologia da época, tece considerações sobre a divisão sexual do trabalho como um prenúncio da divisão de classes, da monogamia e dos modos de organização social. Engels situa a divisão sexual como uma divisão primeira dos processos de opressão, o que é mais um indício da injunção entre a diferença sexual e a política. Para o autor, foram justamente a evolução nos meios de produção, a evolução do trabalho e dos regimes de acumulação que atuaram na redescrição da reprodução social[110] (sexual?) para a perpetuação da espécie.

---

[110] Processo no qual a sociedade reproduz a si mesma. Para as feministas classistas, a reprodução sexuada e o trabalho de cuidado (doméstico e de outrem) são parte fundamental da reprodução social capitalista por consistirem em exploração não-remunerada

A partir daí, as famílias deixaram de ser matrilineares[111] e passaram a ser patrilineares.[112] A exigência da monogamia recaiu sobre as mulheres. Os filhos tornaram-se tanto os herdeiros quanto a mão-de-obra para o pai. Formou-se, então, no núcleo da família uma hierarquia sexualizada cujas exigências se estenderam à necessidade de implantar uma instituição que reconhecesse esses termos de dominação sexuada: o Estado.

Apesar dos limites das colocações aí postas,[113] vale refletir como a sociedade patriarcal elege a figura que goza de certo status por sistemas de exclusão e dominação de um outro – como se deu na Revolução Francesa, em que os cidadãos eram os homens brancos detentores de bens. De toda forma, é por se identificarem com essa figura do pai que estes criam uma fraternidade; são irmãos porque além de "livres" e "iguais" gozam do "comércio" de trocar, entre outras coisas, palavras e mulheres.[114]

(Federici, 2019).

111 Sistema de filiação e de organização social baseada na ascendência materna. Comum em sociedades não-monogâmicas.

112 Sistema de filiação e de organização social baseada na ascendência paterna. Comum em sociedades de acumulação e trabalho "evoluídos" de modo a estabelecer formas de parentesco que evitem o incesto e garantam a efetividade da transmissão de herança.

113 Para quem desejar se aprofundar em relação aos limites das teses de Engels, recomenda-se a leitura do posfácio de Marília Moschkovich (2019) na edição da Boitempo do livro "A origem da família, da propriedade privada e do Estado".

114 Lévi-Strauss, C. (1949/1975) *As estruturas elementares do parentesco*. Tradução de M. Ferreira. Petrópolis: Vozes; São Paulo: Edusp.

Feminino: o sexo que perturba a universalidade

Retomando os perigos da proposta liberal, é claro que houve quem no feminismo apontasse para o paradoxo da igualdade. Porém, introduzir a questão da luta de classes dentro do feminismo ou melhor, recuperá-la, uma vez que esta já estava presente desde o início do movimento, não é um esforço suficiente.

Ainda que exista uma relação entre os sistemas de opressão do capitalismo e do patriarcado, eles também podem operar separadamente. A tentativa de estabelecer uma história das origens das opressões cria uma mitologia que atua como justificativa tautológica[115] para a perpetuação desses regimes: "é assim porque sempre foi assim e logo sempre será", "na origem foi assim, logo, caso deixe de ser, haverá o fim do sujeito e da sociedade", ou ainda "caso uma das superestruturas[116] de opressão seja superada, haverá, em seguida, a superação da(s) demais ou o retorno à barbárie".

Paralelamente às questões colocadas pelo feminismo de inspiração marxista ao modelo universalista que o feminismo procurou atender, ou seja, à tentativa de criar um universal para a mulher acessar aos bens na sociedade, houve também aquelas que denunciaram as armadilhas que o apelo identitário representava para o movimento que, na tentativa de incluir todas, excluía mulheres negras, lésbicas, homossexuais, trans, do campo, etc.

---

[115] Redundante.

[116] Sistema que engloba ideias, instituições, etc dentro de determinada infraestrutura econômica. Refere-se às condições materiais e efeitos estruturantes de determinadas experiências. Ex.: patriarcado.

Djamila Ribeiro[117] defende que as narrativas de mulheres negras se apresentaram em diversos momentos como possibilidade de quebra da identidade presumida no movimento feminista. Inspirado no universal "homem branco", mencionado anteriormente, forjou-se o universal da mulher branca e uma história das origens da opressão das mulheres especulativo e homogeneizante. Um feminismo branco, elitista, heterossexual e em consonância com as ambições dos grupos dominantes se tornou também o feminismo universal.

Para a filósofa brasileira, Judith Butler é responsável por uma forte contribuição ao feminismo por ter sido a primeira a propor outro tipo de universalidade, desvinculada da identidade. É decidido que o feminismo negro, absorvido pela academia com o nome de feminismo interseccional, é um grande aliado na luta pela quebra da universalidade.

Segundo Donna Haraway,[118] em *Antropologia do Ciborgue: as vertigens do pós-humano*, a mulher negra desestabiliza tanto o que se entende por gênero quanto o que se entende por raça: "A categoria "mulher" nega todas as mulheres não brancas; a categoria "negro" nega todas as pessoas não negras, bem como todas as mulheres negras" (p. 49). Para Djamila Ribeiro, as mulheres negras gozam de um privilégio epistêmico[119] fora das proposições universalistas, o que tam-

---

[117] Ribeiro, D (2015). *Simone de Beauvoir e Judith Butler: aproximações e distanciamentos e os critérios da ação política.* Dissertação (Mestrado) - Escola de Filosofia, Letras e Ciências Humanas, Universidade Federal de São Paulo (UNIFESP), Guarulhos.

[118] Haraway, D. (2000/2009) *Antropologia do ciborgue: as vertigens do pós-humano.* Organização e tradução de Tomaz Tadeu. 2ª ed. Belo Horizonte: Autêntica Editora.

[119] Relativo ao saber, conhecimento e experiência.

bém dialoga com as metodologias propostas por Haraway[120] no seu artigo "Saberes localizados: a questão da ciência para o feminismo e o privilégio da perspectiva parcial" e por Spivak[121] em *Pode o subalterno falar?*.

A reivindicação do movimento feminista negro pelo "lugar de fala" é comumente compreendida como algo que caminha para um discurso em que a experiência é a pedra angular para a formação de uma teoria ou de um discurso *ad hominem*,[122] em que nada mais pode ser dito senão por aqueles dotados da experiência.

É interessante porque ao assumir a crítica de tal forma, o discurso sobre "lugar de fala" parece ser um discurso de defesa ao narcisismo das pequenas diferenças e que faz uso do mesmo paradoxo da igualdade que foi examinado: nós versus eles. Quando na verdade diz da oportunidade de criar um movimento de subversão dos moldes de racionalidade em que concebemos o sujeito e a ciência.

E há algo a mais na reivindicação pelo "lugar de fala": denunciar a impostura dos discursos "científicos" e seus esforços em fabricar narrativas sobre o Outro. O Outro se configura sempre como objeto de pesquisa e de estranhamento. O Outro é exótico e místico, assim como era o negro e a mulher em produções "científicas" notoriamente racistas e

---

120 Haraway, D. (2009). "Saberes localizados: a questão da ciência para o feminismo e o privilégio da perspectiva parcial". *Cadernos Pagu*, (5), 7-41. https://periodicos.sbu.unicamp.br/ojs/index.php/cadpagu/article/view/1773 Acesso em 21 de ago. de 2021.

121 Spivak, G. (2010) *Pode o subalterno falar*? 1ª ed. Tradução de Sandra Regina Goulart Almeida; Marcos Pereira Feitosa; André Pereira. Belo Horizonte: Editora da UFMG.

122 Crítica falaciosa que visa o autor e não o conteúdo.

sexistas, até que pesquisadores negros e mulheres puderam criar metodologias próprias de pesquisa.

Conforme aconselham os transfeminismos atualmente, "nada de pesquisa sobre nós sem nós", há uma reivindicação do "lugar de fala" que passa pela mesma questão. Porém, há uma desvantagem que reside na questão da experiência *versus* ciência e nos perigos de generificação[123] das duas formas de conhecimento. Criticar os moldes de racionalidade presentes na ciência não significa colocá-los por terra. Outro risco mora na busca de um sagrado feminino ou da experiência, até mesmo da ancestralidade, enquanto anterior à ciência, ou enquanto um saber que, por não ser verificável, é dotado do valor de verdade inquestionável.

Pois bem, vale então o *potencial subversivo* que o "lugar de fala" pode, ou não, atingir. Como bem lembra Judith Butler em sua teoria sobre atos de fala: presumir que os efeitos colhidos de um discurso estejam presentes inerentemente nas palavras ou na intencionalidade do locutor é conferir uma materialidade, atemporalidade e fixidez ao discurso que fazem dele mágico e nominalista; algo que nesse caso poderia ser estendido tanto à noção de fala quanto de lugar.

Maia[124] possui alguns incômodos em relação à teoria de Djamila Ribeiro por ela se centrar em um liberalismo reformista focado na disputa de narrativas dentro do feminismo. É por não se posicionar contrária aos mecanismos de competição presentes no capitalismo, que reduzem a violência e dominação de grupos a questões moralizantes independen-

---

[123] Aqui referido à feminização ou masculinização.

[124] Maia, I. (2018) *O lugar de fala de Djamila Ribeiro*. In Lavra Palavra. https://lavrapalavra.com/2018/12/05/o-lugar-de-fala-de-djamila-ribeiro-2/ Acesso em 21 de ago. de 2021.

tes das condições materiais, que a noção de "lugar de fala", tal qual a autora apresenta, opera de modo identitário. Para Maia, não se trata de garantir tal lugar ou na manutenção de lugares, mas na desterritorialização.

Douglas Barros,[125] por outro lado, defende a restituição da humanidade através da fala, tal qual Djamila Ribeiro propõe, como valiosa para uma dinâmica emancipatória. Porém, a questão do lugar e da territorialização interdita a crítica e convém ao neoliberalismo – talvez pelas questões da propriedade privada e das fronteiras bem estabelecidas entre países. Pode-se advertir que o lugar corresponde a uma tentativa de "pôr alguém em seu lugar" pela via da nomeação. Para o filósofo, interessa primeiro enunciar *quem* pode falar e depois tanto a fala quanto seu conteúdo.

Em uma significativa distinção sobre identidade e identitarismo, Barros refere-se à identidade como aquilo que na constituição do sujeito fracassa. Ou seja, para a constituição egóica o sujeito passa pelo Outro, se identifica e diferencia a partir deste Outro e é nomeado pelo Outro – dentro de uma sociedade hierárquica e estruturada, a partir de regimes de diferença violentos. Tal como demonstram a psicanálise freudo-lacaniana e a teoria da performatividade de gênero de Butler, há uma impossibilidade em encarnar uma identidade – de ordem sexual para a primeira, relativa à falibilidade do discurso e do poder para a segunda. Já o identitarismo diria de uma paixão em atuar sempre de modo a responder

---

125 Barros, D. (2019) *Lugar de negro, lugar de branco: entrevista com Douglas Barros*. Por Gonsalves, R. Lavra Palavra. https://lavrapalavra.com/2019/03/11/lugar-de-negro-lugar-de-branco/ Acesso em 21 de ago. de 2021.

às expectativas do Estado, limitado a agir internamente ao sistema de opressão.

Retomando a discussão sobre a importância da quebra da universalidade, é aí que habita a crítica de Judith Butler à identidade: a sua rejeição ao identitarismo. A filósofa compreende a falibilidade presente na identidade, porque ser de um gênero produz fracassos: é impossível performar um gênero. A identidade é tanto insuficiente quanto excludente, portanto, faz-se mister uma política dentro do feminismo em que a identidade mulher não opere como solo pré-político.

Se por um lado o feminismo empreendeu energia para a construção de um universal, o que Butler exibe é não só uma nova forma de universalidade não-identitária, como bem aponta Djamila Ribeiro,[126] mas uma sofisticada teoria da ação política.[127] Para além do uso da categoria de gênero enquanto categoria crítica analítica,[128] a autora propõe uma nova modalidade de reconhecimento que não mais responde à lógica contratual e aos regimes de reconhecimento previamente estabelecidos.

Talvez esse seja um local de diferenciação das propostas interseccional e de Butler. De fato, há em ambas novas perspectivas sobre o sujeito e, portanto, novas universalidades. Porém, o feminismo interseccional concebe o sujeito como multifacetado, um lugar atravessado por diversas formas de opressão, o que, por consequência, modifica a tarefa do feminismo: de contrário à opressão das mulheres para contra todo e qualquer tipo de opressão.

---

[126] Ribeiro, D. (2015).

[127] Safatle, V. (2015).

[128] Metodologia voltada para os processos de generificação que visam essencializar posições e naturalizar violências.

Somado a isto, pode-se questionar se esta mudança corresponde à construção uma teoria da ação política, como o é em Butler. O feminismo interseccional afirma a necessidade de mobilização a partir das narrativas de mulheres negras a fim de garantir maior pluralidade e alcance representativo na luta feminista e em suas conquistas. Já Butler propõe uma teoria da ação política na forma de políticas contingentes não orientadas pela identidade e mais, entende como tarefa do feminismo e da política a destruição de toda identidade.[129]

[129] Butler, J. (1990/2010).

CAPÍTULO 3
Jogo de cartas marcadas

Conforme previamente exposto, os ideais da Revolução Francesa têm, ainda hoje, um forte impacto nas concepções ocidentais sobre o sujeito, a diferença sexual e a política. Pode-se afirmar que a democracia liberal possui certos ditames fundamentados no sujeito universal que influem nos requisitos para o reconhecimento.

Neste capítulo, será discutido, primeiro, o modo como a psicanálise analisa a política, o regime democrático e o seu papel neles. Em seguida, serão debatidos o mérito dos mitos para a psicanálise freudiana e a forma como a figura do Pai e da lógica patriarcal prevalecem no inconsciente. Neste momento, o conceito de identificação é chave para decifrar a relação entre a diferença sexual e a política para a psicanálise, através da constituição do corpo social e do corpo sexuado.

Algo peculiar que se pode extrair desta análise é a maneira como estes mitos e processos pelos quais um sujeito se aliena a um sexo e ao laço social é descrita a partir de um telos masculino. Portanto, é possível entender como as exigências do Estado para o reconhecimento dos sujeitos se refere ao que aqui será chamada de *Política do Masculino*. Mais adiante, será desenvolvida a relação entre a *Política do Masculino* e a política identitária e como ela oferece, também, empecilhos para que haja uma real mudança. A *Política do Masculino* é a que faz do Estado um mero gestor de corpos e de conflitos e dos movimentos sociais, uma engrenagem essencial para o tensionamento sem ruptura da democracia liberal – ao mesmo tempo em que sujeita os grupos minoritários à precarização e à morte.

Psicanálise e política?

A política é um tema abordado pela psicanálise com algum recuo. De certa forma, há na psicanálise o consenso de que o analista é contrário a regimes totalitários, sejam eles de direita ou de esquerda. Algo que, à primeira vista, favorece uma leitura que cria um falso paralelo entre a esquerda e a direita, tal como mencionado anteriormente.

A crítica à psicanálise enquanto prática liberal burguesa tem certo respaldo até mesmo nas suas origens. Uma vez que foi gestada nesse contexto e não se aliou aos discursos críticos contrários à burguesia, tratando inclusive das mazelas da mesma, só poderia ser uma prática burguesa!

De todo modo, não há nem em Freud, nem em Lacan um projeto político para a psicanálise, como assim pretenderam muitos contemporâneos de Lacan ao retomarem Freud. Entre eles, Sartre, Deleuze e Foucault talvez sejam os mais expressivos em suas críticas e metas morais para a psicanálise.[130]

Seguindo por um caminho diverso, Lacan[131] se vale da noção de extimidade de Heidegger para discorrer sobre a ligação da psicanálise com a política. Afinal, por mais libertário que

---

130 Badiou, A. (2012/2015).

131 Lacan, J. (1959-1960/2008) *O Seminário, livro 7: a ética da psicanálise*. Tradução de A. Quinet. Rio de Janeiro: Jorge Zahar.

se pretenda um discurso, ele pode sim estar apoiado em uma promessa de felicidade que é devedora do devaneio burguês.

A noção de extimidade se refere a uma relação que é ao mesmo tempo íntima e alheia à relação do ego com o princípio alteritário. A política concerne à relação eu/outro, essa que o sujeito experiencia no âmago de seu ser e não sem alguma estranheza.[132] Sustentar essa posição, de uma divisão interna, diz tanto da recusa de Lacan a um projeto político quanto da precisão de reconhecer certo mal-estar na cultura que é inerente à própria civilização.[133]

Através desta posição, a psicanálise se situa contrária à segregação e aos processos de identificação massificantes que um ideal político, por melhor intencionado que seja, possa assumir sobre os corpos ao homogeneizá-los. É por conceber a política de tal forma que a psicanálise tem por projeto democrático algo que vai para além da lógica do *para-todos*, apresentada por Lacan[134] como a lógica masculina. A psicanálise sustenta a possibilidade de enunciação dos que se veem excluídos do jogo democrático enquanto grupo particular minoritário ou enquanto sujeito singular.

É proveitoso problematizar os limites da noção de extimidade para não fazer da clínica psicanalítica mais um instrumento a serviço do capitalismo. Seja através da *bélle in-*

---

[132] Moreira, J. de O. (2019) *O inconsciente e a política: entre a estrangeiridade e a extimidade.* http://www.seer.ufsj.edu.br/index.php/analytica/article/view/3597/2209
Acesso em 23 de ago. de 2021.

[133] Moreira, M. M. & Oliveira, A. G. (2017) O inerente mal-estar na psicopatologia freudiana.

[134] *Revista Reverso*. V. 39, p. 28-36. Lacan, J. (1972-1973/2008).

différence[135] aos adoecimentos psíquicos atravessados por esta forma de organização econômica e social, ou até mesmo de uma defesa aos sistemas de sujeição – tal como é a psicologia em seus vieses de patologização individual e de promoção de bem-estar social, através de modelos adaptativos e produtivistas.[136] Portanto, não se deve se apoiar na noção de extimidade para encarnar uma posição cínica,[137] mas é preciso atentar-se à isso; afinal, Lacan[138] toma emprestado a noção de êxtimo de Heidegger, filósofo irracionalista cuja afinidade com o regime nazista é amplamente (re)conhecida.

Se por um lado a história não perdoou Heidegger, isso não impediu que sua teoria fosse utilizada pela psicanálise. Talvez em grande parte a ambiguidade da psicanálise enquanto mecanismo subversivo e aparato burguês se concentre – ao mesmo tempo em que é aí onde ela encontra o seu êxito – nessa apropriação lacaniana de um conceito heideggeriano.

Afinal, como afirma Lacan, o homem de direita é um canalha, ao passo que o homem de esquerda é um homem "*naïve*".[139] Posição que não difere muito da de Freud, para quem a teoria marxista ignorava a agressividade inata dos sujeitos em nome de um bem comum. A psicanálise muitas vezes encerra uma posição contraditória. Por um lado, perturba a ordem ao criticar a família e o Estado, porém o

135 Termo associado à indiferença histérica dentro da psicanálise.

136 Adorno, T. (1977/2015).

137 Coelen, M. (2015) "Posfácio Prolegômenos para a escrita do afeto". pp. 457-571. In: Safatle, V. (2015) *O Circuito dos Afetos: Corpos políticos, desamparo e o fim do indivíduo.* São Paulo: Cosac Naify.

138 Lacan, J. (1959-1960/2008).

139 Ingênuo.

faz sem fazer alarde. Enquanto invento subversivo, a psicanálise ameaça a burguesia ao criticar a família, os modos de se fazer laço e os ideais burgueses de consumo e reprodução social. Por outro lado, cai no engodo criado pelos teóricos liberais sobre a inviabilidade do fim do capitalismo devido à "natureza humana": para a psicanálise a violência está inclusa no (e na origem do) laço social.

O pai na psicanálise freudiana e o patriarcado

Voltando à psicanálise freudiana, é falso dizer que Freud não aborda temas políticos e eventos históricos de sua época, até porque ele muito se empenhou sobre a temática da guerra e seus efeitos nefastos. Para além dessas leituras, ele se dedica à questão da política a partir dos mitos. Há um motivo pelo qual a mitologia interessa tanto a Freud e, no caso, à política

O mito tem função estruturante a partir de sua lógica. Ou seja, tal como o Complexo de Édipo desempenha um valioso papel no processo do desenvolvimento sexual infantil e no modo como um sujeito se identifica, constituindo uma unidade morfológica com a qual pode se separar do Outro, o mito do Pai da Horda[140] serve de complemento ao mito edípico a partir da identificação e inscrição do sujeito no laço social. Arrisca-se sugerir que o primeiro é o mito do corpo sexuado e que o segundo é o mito do corpo social.

Em ambos os mitos, do Pai da Horda e de Édipo, o parricídio[141] se faz presente como estruturante, ao mesmo tempo em que é a identificação com o pai, ou tentativa de aí se estabelecer, aquilo que está em jogo. A figura do pai na psicaná-

[140] Tribo ou clã. Grupo indisciplinado.

[141] Assassinato do pai.

lise freudiana e no mito do Pai da Horda é de extrema relevância para se problematizar o que se supõe por patriarcado.

Patriarcado: conceito em disputa sobre a gênese social

Segundo Rubin,[142] no artigo "O tráfico de mulheres: notas sobre a 'Economia Política' do Sexo", é notório o papel que o mito do patriarcado tem em criar a aparência de fundação de toda a ordem social para assim se reproduzir. Para o senso comum, a noção de patriarcado representa uma estrutura de opressão e de dominação masculina que subjuga mulheres em torno da figura do pai, do chefe da família e que remonta às sociedades feudal e genérica.[143] A própria unidade familiar assim organizada, generificada e hierarquizada, seria uma unidade menor daquilo que se pode extrair de uma sociedade e seu funcionamento.

Mas há ainda outras interpretações sobre a noção de patriarcado nos estudos feministas, como bem apontam Morgante & Nader,[144] que diferem do entendimento do patriarcado como anterior às sociedades capitalistas. Por outro lado, as leituras sobre a noção de patriarcado a partir de

---

[142] Rubin, G. (1975/1993) *O Tráfico de Mulheres: Notas sobre a "economia política" do sexo*. Recife: S.O.S. Corpo. pp. 2-13.

[143] Toda e qualquer tipo de sociedade.

[144] Morgante, M; Nader, M. (2014) "O patriarcado nos estudos feministas: um debate teórico". Anais do XVI Encontro Regional de História da Anpuh-Rio: saberes e práticas científicas, Rio de Janeiro. http://www.encontro2014.rj.anpuh.org/resources/anais/28/1399953465_ARQUIVO_textoANPUH.pdf Acesso em 22 de ago. de 2021.

Engels[145] provocaram no interior dos feminismos marxista e classista a visão de que este seria uma superestrutura de dominação que estaria nas origens do Estado e da propriedade privada. Portanto, a divisão sexual do trabalho anteciparia e suscitaria a divisão de classes e o surgimento do Estado –, que garantiria a manutenção dos sistemas de opressão, da acumulação de riquezas e da propriedade privada. De todo modo, parece que há um ponto de encontro entre tais perspectivas na medida em que:

> a gênese[146] da família (patriarcal) é frequentemente entendida como sinônimo da origem da vida social propriamente dita, e tanto a origem do patriarcado quanto a da sociedade são tratadas como sendo o mesmo processo".[147]

De toda forma, há problemas em presumir que a sociedade foi fundada a partir do modelo patriarcal: seja como mito ou estrutura, estando ou não ligado ao capitalismo. O problema é que ele opera tanto como mito quanto como superestrutura que tende a se reproduzir. Se por um lado, pode-se admitir que Freud[148] está mais próximo à primeira forma, o estruturalismo lévi-straussiano parece se alinhar ao segundo. Para a antropologia estrutural não se trata do *papai* enquanto entidade imaginária ou realidade corpórea quando

---

[145] Engels, F. (1891/2019).

[146] Relativo à origem.

[147] Pateman (1993) p. 43 citado por Morgante & Nader (2014) p. 5.

[148] Freud, S. (1913/1996). "Totem e Tabu". In: *Edição standard brasileira das obras psicológicas completas de Sigmund Freud*. Tradução de J. Salomão. Vol 13, p. 11-162. Rio de Janeiro: Imago.

se fala do patriarcado, o que também é válido no retorno a Freud efetuado por Lacan através de Lévi-Strauss.

Porém, é preciso acrescentar que Butler[149] adianta como o patriarcado é e sempre foi um mito. Como todo mito, ele fornece um relato não autorizado, especulativo, de um falso observador que sequer estava lá, mas que tem força de verdade justamente por se enraizar na busca por uma história das origens que só conseguiria ser forjada como verdade única e universal. Crítica da qual a psicanálise, o estruturalismo e a economia política de Engels não estão imunes.

A atração de Freud pelos mitos de Édipo e do Pai da Horda, conforme serão apresentados em seguida, se dá pela força imaginária e estruturante que estes possuem, tanto na formação do Ego quanto na formação do corpo social. A identificação é um conceito chave que atravessa a sua leitura de ambos os mitos e é, também, o conceito de que se vale para pensar a diferença sexual e a política: *para a tese construída neste ensaio esta é mais uma evidência da relação entre a diferença sexual e a política*. De toda forma, há algo que opera a partir do imaginário na identificação e é o que garante consistência, alienação e unidade ao sujeito sexuado e à política.

O pai de Édipo: o corpo sexuado

Segundo Freud,[150] a identificação é a forma mais antiga de ligação entre duas pessoas, ou seja, algo que é imprescin-

---

[149] Butler, J. (1990/2010).

[150] Freud, S. (1921/1996). "Psicologia de grupo e a análise do ego". In: *Edição standard brasileira das obras psicológicas completas de Sigmund Freud*. Tradução de J. Salomão. Vol. 18, p. 77-154. Rio de Janeiro: Imago.

dível para o laço social. É interessante como para Freud os processos de identificação se fazem sobre a égide do Pai, o que faz com que o Complexo de Édipo seja uma reedição de "Totem e Tabu" (Moreira, 2019).

No complexo edípico se fazem presentes tanto a identificação sexuada quanto a escolha de objeto. Este é um momento crucial em que a criança, através da identificação sexuada, separa seu corpo da mãe de modo a constituir uma unidade morfológica na qualidade de pessoa. Ao mesmo tempo, é quando se vê como um sujeito faltante, dividido, pela angústia do reconhecimento da diferença sexual que o coloca diante de uma alteridade consigo mesmo.

O mito de Sófocles, Édipo Rei, não é nada mais que um modo com que Freud procura dar contornos às pulsões[151] e sexualidade humana. Sua atualidade se deve ao modo como a repartição urinária ou divisão sexual sejam caras aos regimes reconhecimento ocidentais em vigor. No mito, ao serem alertados pela ruína a que seu filho os levaria –, o parricídio e o incesto consumado com sua mãe –, os pais de Édipo decidem matá-lo. Porém, por piedade daquele incumbido de tal tarefa, sua vida é poupada e entregue aos cuidados de outra família desconhecedora de suas origens. Ao atingir a idade adulta, Édipo procura um oráculo que lhe revela a profecia. Acreditando serem seus pais adotivos os seus pais biológicos, ou seja, aqueles aos quais a profecia se referia, Édipo deixa sua cidade e caminha para Tebas, onde nasceu. No caminho, depara-se com um senhor e, durante um confronto, o mata. Ao chegar em Tebas tem sua passa-

[151] Diz respeito aos investimentos libidinais e energéticos em determinado objeto. O campo sexual é pulsional e não instintivo: não serve à reprodução e conservação da espécie.

gem impedida por uma esfinge que ameaça a cidade. Édipo a derrota e recebe como prêmio pelo seu feito, o título de Rei de Tebas ao lado da recém-viúva, a Rainha Jocasta. Ao desposá-la, Édipo sela seu destino cumprindo a profecia.

Freud[152] se serve desse mito para dizer dos Complexos de Édipo e de Castração para o menino. Os sentimentos de rivalidade e ambivalência do menino com o pai seriam provenientes tanto de ciúmes em relação à mãe quanto da angústia de castração, da perda do próprio órgão pelo pai. No processo "positivo normal", o menino abdica do amor incestuoso pela sua mãe pela força do complexo de castração, que é a sua saída para o Édipo, ao mesmo tempo que fornece para ele uma identificação com o pai e como escolha objetal, a mãe. O menino internaliza então, ao internalizar a proibição paterna, a lei.

A menina não tem tanta "sorte" em relação aos Complexos de Édipo e de Castração. A começar, ela não tem este órgão tão estimado para perder e, tendo em vista a improbabilidade de receber este órgão, ela rivaliza tanto com o pai quanto com a mãe. Com a última, a relação se torna ainda pior, pois não há nada que de fato efetue essa interdição. Resta para a menina, no "processo positivo normal", identificar-se com a mãe, que ressente, e tomar como o objeto o pai, que a deixa na via da insatisfação. Como resultado, a menina não chega a internalizar a proibição paterna e a lei da mesma forma que o menino. Para Freud,[153] às mulheres importam menos os ideais

---

[152] Freud, S. (1924/1996). "A dissolução do complexo de Édipo". In: *Edição standard brasileira das obras psicológicas completas de Sigmund Freud*. Tradução de J. Salomão. Vol. 19, p. 189-199. Rio de Janeiro: Imago.

[153] Freud, S. (1924/1996).

da cultura e suas leis, o que, de certa forma, não as deixa em posição de igualdade no laço social.

É claro que há mais desdobramentos sobre os complexos de Édipo e de Castração do que os apresentados acima. E que estes foram duramente criticados pelas teorias feministas, não sem razão, pelas colocações por ora homofóbicas, machistas e sexistas presentes na teoria. Porém, vale atentar que Freud encontra nas suas formulações sobre o feminino uma rocha, até porque tenta imputar goela abaixo uma teorização que parece funcionar muito bem para os meninos, mas para os meninos somente.

Os artigos *A dissolução do complexo de Édipo* e *Algumas consequências psíquicas da diferença anatômica,* de 1924 e 1925, respectivamente, são os textos mais específicos de Freud em relação ao modo como ele tenta transpor o complexo de Édipo ao feminino e fracassa.

Segundo Moreira,[154] a masculinidade é mito-lógica, logo, ela pode ser lida em termos do imaginário e do simbólico. Portanto, somente a masculinidade opera pela lógica do Complexo de Édipo; é somente a partir da identificação masculina que há de fato separação do corpo da mãe e formação de unidade corpórea, além da alienação à lei do pai e à masculinidade.

---

[154] Moreira, M. M. (2018). Fazer-se o homem por entrar-se entre seus semelhantes. In: Bento, H. L. G. (Org.), *Parecer-Homem: semblantes, juventude e criminalidade.* p. 3-33. Rio de Janeiro: Gramma Livraria e Editora.

O pai da horda: o corpo social

Portanto, o mito do pai da Horda que Freud[155] apresenta em *Totem e Tabu* e que é uma reedição do complexo edípico, também tem relação com os homens. O pai primevo, ou pai da Horda, seria aquele que disporia de todos os bens e de todas as mulheres. Isso significa que ele seria aquele para o qual nenhum tipo de restrição ou interdição vale, porque é ele quem instaura uma lei que é válida para todos, exceto para si mesmo. Segundo o mito, almejando dispor dos bens e de todas as mulheres que o pai tem acesso (a mãe), os filhos se reúnem para assassiná-lo. Após o assassinato, num ritual de incorporação – conceito que importa muito a Freud[156] na constituição do Ego e a Butler[157] na melancolia de gênero –, o comem. Ao matar e comer o pai, recai sobre os filhos a culpa: dada a ambivalência que possuíam em relação ao pai, pois este era não só temido, mas também amado. Ao matá-lo e comê-lo os filhos internalizam a lei paterna e continuam impossibilitados (castrados) de possuir todas as mulheres e bens. É fundada então uma sociedade de irmãos onde nenhum pode ocupar a posição de exceção do Pai.

Segundo Teixeira,[158] o assassinato do pai da Horda é algo que marca a presença da violência como fundante no laço

---

155 Freud, S. (1913/1996).

156 Freud, S. (1917/1996). Luto e melancolia. In: *Edição standard brasileira das obras psicológicas completas de Sigmund Freud*. Tradução de J. Salomão. Vol 14, p. 244-264. Rio de Janeiro: Imago.

157 Butler, J. (1990/2010).

158 Teixeira, A. M. R. (2015). A fundação violenta do universal. *Derivas Analíticas*, (3), 01-05. http://www.revistaderivasanaliticas.com.br/index.php/universal Acesso em 22 de ago. de 2021.

social. Só é possível a formação de um corpo social a partir do assassinato que impõe, entre os iguais, a lei do "*não matarás*", ao mesmo tempo que serve de impedimento para que algum dos seus filhos desejem aceder à posição do pai morto. A formação do corpo social se dá através da violência, exceção e exclusão.

Os efeitos destes dois mitos, de Édipo e do Pai da Horda, no inconsciente são tanto imaginários como simbólicos. São mitos complementares pois inserem o sujeito sexuado no laço social. O complexo de Édipo confere unidade corporal sexuada e alienação à lei paterna via uma identificação com a figura do Pai. Já o mito do Pai da Horda diz de como se organiza também uma unidade, desta vez do corpo social, entre irmãos em que todos são iguais, todos partilhariam dos bens e das mulheres, contanto que não acedam à posição do pai.

O patriarcalismo presente na teoria freudiana, este que se aproxima da visão do senso comum do patriarcado, diz dos efeitos inconscientes destes mitos. Ainda que o patriarcalismo em Freud não pareça atrelado ao capitalismo, tal como é em Engels,[159] há efeitos passíveis de serem aproximados aos ideais da Revolução Francesa. Afinal, é a partir da identidade Pai que os irmãos se identificam e formam uma unidade em que todos são iguais, ainda que o pai esteja morto.

A POLÍTICA DO MASCULINO: gestão de conflitos

Segundo Moreira,[160] comumente "compreende-se a política em termos de identidade, representatividade, unidade, pro-

---

[159] Engels, F. (1891/2019).

[160] Moreira, M. M. (2019), p. 30.

jeto e/ou agenda política, reivindicação, reconhecimento e universalidade". Pode-se colocar em questão se este olhar sobre a política se situa intimamente ligado aos ideais burgueses e suas exigências.

Portanto, como previamente exposto através do argumento de Joan Scott,[161] o homem branco se tornou o sujeito universal abstrato ao qual todo grupo político em pautas reivindicatórias precisa assemelhar. Para além da exigência de aparentar com a figura do "homem branco", percebe-se que é também masculino o ideal de igualdade para organização social – e, portanto, os processos de exclusão resultantes. Freud,[162] ao centrar a questão da identificação e, portanto, do ideal na política e na divisão sexual, os concebe em termos masculinos, ou seja, faz valer os ideais da masculinidade.

Se para os homens tem-se a igualdade, liberdade e fraternidade, o problema ocorre justamente com o que resta àqueles que foram *paradoxalmente* excluídos do jogo democrático. Cabe a estes recorrer ao Estado, como quem procura um pai por reconhecimento e pela partilha dos bens.

Os grupos minoritários se tornam assim dependentes de políticas paternalistas que os coloca em situação de vulnerabilidade social. O que pode até prejudicar a agência destes grupos.[163] Logo, a sociedade democrática liberal, esta que em seu projeto político já deixa algo de fora, ao mesmo tempo em que não admite de imediato que é partidária de processos de exclusão, dita as regras do jogo político apoiada na lógica patriarcal. Já não é o pai quem está fora da lei que

---

161 Scott, J. W. (1999/2005).

162 Freud, S. (1917/1996).

163 Butler, J. (2015/2018).

universaliza, mas todo aquele que se configure como outro – que, muitas vezes, coincide com o feminino.

É válido afirmar que a identificação não é a identidade. Esta, fixa o sujeito em uma posição que aloca o seu ser nela, já a identificação, termo psicanalítico, não produz essa fixidez. Não obstante, privilegiar a questão da identificação na política leva, como exposto, à política da identidade. A partir daí se encontram os demais pressupostos para o fazer político dentro das democracias liberais. Faz-se necessário, primeiro, uma identidade forte o suficiente para formar um grupo coeso, uma unidade atravessada por um elemento que seja intercambiável por seus pares a ponto destes se identificarem, ou melhor, se alienarem por ele. Há um grande dispêndio energético em suportar as imposições de um grupo ou ideal; logo, a alienação a um traço ou experiência partilhável é fundamental para garantir certa coesão e representatividade. Essa capacidade de representar qualquer particular indica a contingência do traço e o seu efeito de homogeneização: sua capacidade de fazer com que, dentro da unidade do grupo, um sujeito seja um qualquer. Em decorrência desta unidade, torna-se possível pensar em um universal de particulares.[164]

A democracia liberal dita as cartas com as quais os excluídos devem jogar. Os deixa na posição de querelantes, de reclamar por uma fatia do bolo e de se organizarem conforme suas necessidades para que os reconheçam. A democracia liberal opera de modo a prever que haverá tensionamentos por parte das minorias sociais e que estas deverão ser modestamente atendidas. Mas somente se estes grupos se expressarem segundo determinada gramática; caso contrá-

[164] Moreira, M. M. (2019).

rio, serão chamados histéricos, violentos, desorganizados, vitimistas e fracassados.[165]

Afinal, a democracia liberal promete uma sociedade de sucessos individuais para um seleto grupo, de forma que aqueles que fracassarem assimilem este fracasso também como individual. Ou seja, ela atua desmobilizando a ação coletiva política e minando a imaginação política e possibilidades de existência e de agenciamento.

A democracia liberal exige uma política – chamada aqui de *Política do Masculino* – que nada a altere. Uma política que está prevista e que faz do jogo democrático um jogo cínico. As condições de jogo colocadas pela democracia liberal impõem, primeiro, que aqueles excluídos do banquete se apresentem a partir de uma identidade o mais próximo possível da identidade homem branco onde todos são irmãos, livres e iguais. Para além dessa identidade, com a qual indivíduos e grupos se fazem representar, é preciso que haja uma unidade sobre essa identidade e a construção de uma universalidade a partir da mesma.

A ação política deve estar limitada à demanda de reconhecimento por parte de um Estado paternalista que, caso concorde que aqueles excluídos dos processos de igualdade possam participar da partilha de bens sem que isso cause grandes mudanças estruturais na sociedade, atende ou não à demanda, reconhece ou não a exclusão. O que implica que, há dentro das democracias liberais algo que está previsto em termos de conflitos internos e campos de litígio.[166] Por um lado, estes tensionam a sociedade e fazem avançar a marcha democrática; ao mesmo tempo, a organização social segun-

[165] Butler, J. (2015/2018).

[166] Disputas iniciadas com a contestação da demanda.

do o paradoxo da igualdade é de um cinismo que reduz o Estado a um gestor de corpos e de conflitos. A *Política do Masculino* só atua para além da gestão de corpos e de conflitos na deposição do poder de um agente que tente, de fato, ocupar o lugar tirânico do pai da Horda.

Não se trata neste momento de criticar que na democracia liberal estejam presentes estas fissuras que permitem aos cidadãos reclamar a participação popular e o controle social por órgãos como Conselhos ou através dos políticos que elegeram para representá-los. Tampouco se trata de negar o valor dos direitos cedidos pelo Estado, como o de protestar de forma não-violenta – apesar desse argumento vigorar em defesa da propriedade privada –, nem o direito de organização voluntária, espontânea e institucionalizada em organizações sindicais e partidárias e de exercício livre e secreto do voto. O problema é que a institucionalização desses espaços age de modo a conter o debate público e as contingências materiais de mudança e de ação política.

Ao alegar que a política é concebida em termos masculinos e patriarcais, não se trata de afirmar que não há lugar na vida pública para as mulheres ou alternativas para o fazer político fora desses termos. Lacan,[167] ao retomar o complexo de Édipo e o mito do pai da Horda, refere-se à lógica masculina como uma lógica do *para-todos*, universalista, em que uma identidade é suficiente para formar um conjunto de iguais. Porém, ainda que ela seja válida *para-todos* – e recaia em todos os corpos, há algo na lógica feminina que é capaz de desestabilizar a *Política do Masculino* e que se faz presente nas ações políticas do feminismo: mais do que um Ás na manga, fim de jogo.

---

[167] Lacan, J. (1972-1973/2008).

CAPÍTULO 4
A POLÍTICA DO FEMININO: uma política que são duas

O que se endereça, num primeiro momento, é refletir como o sexual age de modo a desconstruir formas instituídas pela diferença sexual – através das proposições de Foucault e Bataille, a partir da psicanálise freudiana –, para depois discutir como as representações sobre um "sujeito feminino" flertam com noções relacionadas ao erotismo, amor, sexualidade, passividade e alteridade, conforme desenvolvido por Levinás, Simone de Beauvoir, Barthes e Lacan, ao retomarem os textos freudianos sobre a feminilidade.

A proposta segue na tentativa de meditar sobre o que se elabora, ou seria possível produzir, a partir desses autores, e especificamente de Lacan, articulando seus desenvolvimentos sobre feminino com a retórica butleriana. Não se trata, de modo algum, de forjar uma consequência lógica entre estas teorias, mas de propor uma derivação possível.

Um entendimento diverso do sujeito como feminino permite também novas leituras sobre a política e ação política. Em seguida será apresentada a *Política do Feminino* que, por sua vez não é uma política, mas duas e que em relação à *Política do Masculino* – conforme descrita no capítulo anterior – pode ser negativa ou suplementar. Nesta seção, será defendida a importância da noção de não-todo no feminino de Lacan[168] e o que fizeram deste conceito os analistas da *École de La Cause Freudienne,* alguns membros da Izquierda Lacaniana, sendo o mais eminente Jorge Alemán, e Maíra Moreira[169] em seu livro *O feminismo é feminino? A inexistência da Mulher e a subversão da identidade* – este que precede as teses construídas neste ensaio.

Na última seção, será recuperada a questão do laço social quando este age na lógica feminina. Em contrapartida à influência do patriarcado e do pai – tanto na ideia fundante de constituição e manutenção social, quanto de estruturante em termos imaginários e inconscientes para o sujeito egóico –, será debatido o *Ni Una Menos*. Diferentemente da lógica e da *Política do Masculino*, não importa à *Política do Feminino* os equivalentes do patriarcado e do parricídio, interessa que não haja nenhuma exceção e, portanto, nenhuma exclusão no laço social.

Da constituição à descontinuidade: o sexual como despossessão

Conforme desenvolvido nos capítulos 1 e 3, o Ego corporal é formado, em Freud, a partir da identificação sexuada que esse ego assume. Porém, o que rompe com a ilusão de unidade desse Ego é justamente a experiência, o atravessamento, o acontecimento no campo do sexual que introduz certa descontinuidade nesse Eu imaginário e auto idêntico. E que, para além disso, permite novas formas de inteligibilidade e furos nas exigências de reconhecimento pautadas na diferença sexual.

---

168 Lacan, J. (1972-1973/2008).

169 Moreira, M. M. (2019).

É a partir daí que é lícito brincar com a noção de que há, na psicanálise, algo que nada tem a ver com os jogos de força exercidos pelo poder em Foucault, nos movimentos centrípeto e de refluxo. Para a psicanálise, há algo do sexual que constitui os sujeitos, enquanto sujeitos predispostos à bissexualidade que vêm a assumir uma posição masculina ou feminina de acordo com os ideais civilizatórios, ao mesmo tempo em que há algo do sexual que não responde em absoluto a esses ideais.

Bataille, filósofo de referência para Foucault (e Lacan), é autor do livro *O Erotismo*, obra sobre a qual a psicanálise freudiana exerceu grande influência. No livro, o autor aponta para a descontinuidade presente no sexual, uma vez que é pela vivência do erótico que os sujeitos podem se ver despossuídos de seus traços e atributos identitários, de modo a se "perderem".

O escritor elabora uma crítica ao capitalismo, pois tanto o Erotismo quanto o Sagrado não se organizam segundo a lógica utilitarista e do cálculo dos prazeres que demanda o Capital. O Erotismo é entendido enquanto atividade ociosa, improdutiva, contrária às exigências da sociedade produtivista.

Há, portanto, uma reflexão crítica ao modelo de racionalidade que elegeu o trabalho como modo principal de um sujeito se diferenciar e dizer de si. Modelo que levou a uma desconsideração daquilo que seria da ordem do excesso sexual: as atividades sexuais perversas que não visam à reprodução.

Bataille se refere ao erotismo como dissolução das formas constituídas:

> O erotismo, já o disse, é a meus olhos o desequilíbrio em que o próprio ser se coloca em questão, conscientemente. Em certo sentido, o ser se perde objetivamente, mas então

> o sujeito se identifica com o objeto que se perde. Se for preciso, posso dizer, no erotismo: EU me perco.[170]

É através de uma experiência em que o indivíduo não se reconhece enquanto unidade coesa, racional e consciente que ele pode se deparar com a sua condição de despossuído. Ou seja, fora da lógica predicativa que faz de um sujeito o suposto proprietário (dono) de si: seu corpo e seu sexo são suas posses. Traçando um paralelo com o célebre manifesto de Marx & Engels, se o proletário nada tem a perder além dos seus grilhões, a despossessão promovida pelo erotismo, o (des)encontro com o Outro, sinaliza o que há de vantajoso na perda. Pode-se somar a isso, a relevância das noções de perda e de falta para a psicanálise: a primeira, condição para a constituição egóica e a segunda, abertura para o desejo.

A atividade sexual fora dos modelos de reprodução social, ou seja, da norma reprodutiva, não convém ao capitalismo. Para o capitalismo é preciso que se (re)produza tanto a força de trabalho quanto os consumidores, o que segundo o filósofo reduz os sujeitos a instrumentos para sua manutenção. Pode-se somar a essas considerações, que reduz os sujeitos a instrumentos *sexuados*.

Bataille faz um elogio àquilo no sexual cuja atividade não almeja a produtividade e utilidade, defendendo a heterogeneidade que este introduz nas sociedades capitalistas cujo apelo identitário as conduz para uma homogeneidade em que regras são fixadas e situações, definidas.[171] Ainda que

---

[170] Bataille, G. (1994). *O erotismo*. Tradução de F. Sheibe. Belo Horizonte: Autêntica. (Trabalho original publicado em 1957)

[171] Safatle, V. (2014).

essa normatividade recaia sobre o sexual, há possibilidades de um movimento heterogêneo e espontâneo nessa vivência.

O que seria excluído dessas sociedades teria algo difícil de apreensão pela consciência e pelos modelos de racionalidade. Bataille remete ao inconsciente freudiano, para dizer de um inconsciente cujos conteúdos relacionados ao campo do sexual e aspecto econômico[172] tenderiam para um conflito entre o excesso das exigências pulsionais em relação à sexualidade e às metas morais e produtivistas da sociedade capitalista.

Vale ressaltar que as reflexões em relação ao erotismo tocam a questão do sexual, do ato sexual e das práticas sexuais, sem entrar nos pormenores da experiência amorosa e do encontro amoroso. Talvez, valha arriscar, que a questão amorosa é pouco abordada por Bataille no livro *O Erotismo*, posto que há algo no entendimento sobre o amor que muito convém a uma leitura burguesa de tal experiência.

De todo modo, ainda que Bataille não se debruce diretamente sobre a temática, outros autores procuraram pensar a questão do afeto, do amor e das parcerias. Estas, segundo seus contemporâneos, introduziriam uma descontinuidade no campo das identidades e das experiências de relação. Como para a psicanálise não há uma separação abrupta entre o que seria da esfera do sexual e do amor, talvez não haja também para os autores que a tomam por referência.

---

[172] Na psicanálise, remete à quantidade de investimento libidinal/energético/pulsional realizado sobre determinado objeto.

A feminização do sujeito

Barthes,[173] em *Fragmentos de um discurso amoroso*, refere-se ao enamoramento como aquilo que no sujeito provoca a sua feminização. O intrigante é que esta vem pela captura da imagem do objeto amado. Ou seja, o enamoramento também possui relação com algo da ordem do imaginário que, conforme visto anteriormente, engloba as relações de identificação, escolha de objeto e incorporação. Porém, há algo que ultrapassa a agressividade com que um sujeito responde à mínima diferença no (des)encontro com o outro. Ainda que a ambivalência de afetos se faça presente diante de um outro que o divide, um homem apaixonado é um homem milagrosamente feminizado.

Essa feminização do sujeito fora também explorada em Levinás, em que o feminino aparece, assim como o é em Lacan e Beauvoir, como alteridade. O instigante no trabalho de Levinás se deve ao que ele elabora, a partir de Freud: o Ego seria um Ego Viril, e a feminização, uma experiência que dá abertura para que o sujeito possa emergir.

Segundo Moreira,[174] Levinás constrói uma teoria a partir da alteridade: a constituição do Ego acontece juntamente com aquilo que o desconstitui e permite a emergência do sujeito. O autor recorre a Heidegger para enunciar que a existência só

---

[173] Barthes, R. (1977/1994). *Fragmentos de um discurso amoroso*. Tradução de H. Santos. Rio de Janeiro: Francisco Alves.

[174] Moreira, J. de O. et al (2010). A concepção de subjetividade em Lèvinas: da solidão da hipóstase ao encontro com a alteridade". *Educação e Filosofia*, 24(47), 55-72. Recuperado de http://www.seer.ufu.br/index.php/EducacaoFilosofia/article/view/7413 Acesso em 23 de ago. de 2021.

se daria com a delimitação egóica, às custas do tédio e da solidão. O advento de um ego corpóreo, separado do(s) outro(s), viria na forma do ego viril e arrogante, como identidade. Este é solitário por não poder "sair de si mesmo". Para Levinás, é condição primeira este momento de solidão para a constituição de um Ego, mas para a emergência de um sujeito é preciso "sair de si" – salvo a temporalidade presumida por Levinás, eis um modo de ilustrar as diferenças entre o sujeito egóico e o sujeito do inconsciente para a psicanálise: o primeiro é relativo à constituição do ego corporal e o segundo, ao sujeito dividido.

Esse "sair de si" se aproxima do que Barthes define como processo de feminização no enamoramento e do que Bataille nomeia como despossessão no Erotismo. Porém, enquanto Bataille, apoiado nas teorizações freudianas sobre a libido ser sempre masculina, sinaliza algo da virilidade e do orgulho presente na atividade sexual, em Levinás há uma desvirilização no encontro com o outro. Se a morte é uma experiência que aniquila por total o sujeito, o amor seria um modo de experimentar algo similar, sobrevivendo. Para o autor, assim como o é muitas vezes na psicanálise freudiana, as figuras do amor e da passividade se encontram próximas ao feminino – a própria morte é uma das figuras do feminino, como escreve Freud no texto "Os três escrínios".[175]

Segundo Moreira,[176] não se trata de uma coincidência ou uso arbitrário do termo, o feminino refere-se a uma efeminação do sujeito como saída de sua solidão pela passividade diante do outro no ato de receber amor. Logo, o amor coloca o sujeito em uma situação de vulnerabilidade em relação ao

---

[175] Freud, S. (1913/1976) "O tema dos três escrínios". *Obras completas*, ESB, v. XII. Rio de Janeiro: Imago.

[176] Moreira, J. de O. et al. (2010).

outro. Este encontro não é nem simétrico e nem intersubjetivo, diz de um encontro do sujeito com a fragilidade e do encontro com um interesse romântico.

Esse encontro não é a promessa de felicidade e completude pela via do amor, nem de reciprocidade ou o que valha. Até porque o sujeito pode sair de seu encarceramento de si mesmo para uma prisão a dois. É preciso dar lugar para o feminino, para a experiência que conduz o sujeito a se deparar com a sua fragilidade, para aquilo é alteridade.

Já Simone de Beauvoir[177] utiliza da noção de devir para dizer que um sujeito não nasce mulher, torna-se. Ao contrário do que apregoam algumas leituras de má-fé sobre a autora, a socialização nas relações entre os sexos não é determinante. Caso o fosse, isso corroboraria para uma essencialização das vivências corpóreas e do sexo. O corpo é uma *situação* e as tentativas de naturalizá-lo são produto de um projeto de desistoricização do sexo.

Falar de um devir mulher, a partir de uma leitura hegeliana, autoriza compreender que o próprio sujeito é um processo e que, portanto, é ele também um sujeito inacabado, mas constituído pela diferença sexual. O interessante da obra *O segundo sexo* é o modo como o feminino é, desde já, tomado como Outro, como alteridade da qual o sujeito masculino, neutro, deverá se distinguir, se diferenciar. Portanto, mais uma vez, o sexo é tido como constitutivo, porém, sendo processo, logo, abrem-se vias processuais de mudanças.

Há então, nos autores supracitados, algo que se dirige para além da indicação de Safatle[178] sobre o modo como o

---

177 Beauvoir, S. (1949/2016) *O segundo sexo*. Tradução de S. Millet. Rio de Janeiro: Nova Fronteira.

178 Safatle, V. (2015).

século XX foi marcado por uma reflexão sobre o sexual que inaugura uma nova tradição de pensamento sobre o sujeito. Algumas dessas derivações abrem para a possibilidade de se compreender o sujeito como feminino.

O instigante dessa concepção se trata também do feminino como aquilo que extrapola os modelos de racionalização e entendimento daquilo que seria humano, ou seja, forçosamente focado em uma noção de sujeito universal do homem branco, hétero e civilizado.[179]

O feminino, para Barthes, Lacan, Levinás e Beauvoir, é necessariamente pensado como alteritário e como aquilo capaz de acarretar um furo na suposição imaginária de um sujeito universal, particularizado por seus atributos. O sujeito masculino seria aquele que experimentaria a ilusão do todo, do princípio de igualdade, do ideal identificatório passível de unificação e de universalidade; um sujeito ancorado na diferença sexual como regime de reconhecimento.

Levinás propusera uma leitura sobre o sujeito a partir de um ego viril e de uma feminização capaz de deslocar o ego daquilo que para ele seria uma posição arrogante. Feminização que implica na abertura para o outro, suportar a diferença mínima sexual sem que isso acarrete em desagregação e consentir com algo que é da ordem da passividade – aproximação última um tanto quanto problemática que o autor possui do feminino em que ter-se-ia o advento de um sujeito.

Pois bem, de onde derivaria então a viabilidade de se conceber um sujeito político a partir das colocações anteriores? O que poderia ser deduzido em termos de política? Quais as consequências para os regimes de reconhecimentos e de normatividades sociais? Tal visada partiria urgente-

[179] Scott, J. W. (1999/2005).

mente, para além de uma nova compreensão de sujeito e de feminino, de uma nova concepção sobre política.

A POLÍTICA DO FEMININO: o não-todo como suplemento e como negação

A operação descrita ao longo desse texto de repensar o sujeito, seja a partir das noções de sexualidade e de feminino, seja a partir das estratégias políticas da crítica feminista, é crucial para redescrever as políticas de reconhecimento.

Também suportado nas construções freudianas acerca da diferença sexual, sexualidade e feminino, Lacan[180] produz um novo entendimento sobre o sujeito ao exprimir "A mulher não existe". Segundo Moreira,[181] tal aforisma foi amplamente criticado e rechaçado pela teoria feminista. Em parte, este atesta como as mulheres se veem excluídas das coisas e das palavras, excluídas da partilha de bens que faz dos homens iguais. Porém, há algo mais a ser extraído a partir da questão da inexistência da mulher e sua relação com aquilo que no feminino é alteridade e que no sexual põe os sujeitos na via da indeterminação.

No livro *O feminismo é feminino? A inexistência da Mulher e a subversão da identidade*, Maíra Moreira discorre sobre como a proposta de ação política de Judith Butler,[182] no seu controverso livro *Problemas de gênero: feminismo e subversão da identidade* – em que a filósofa afirma que a

[180] Lacan, J. (1971/2009) *O Seminário, livro 18: de um discurso que não fosse semblante*. Tradução de V. Ribeiro. Rio de Janeiro: Jorge Zahar.

[181] Moreira, M. M. (2019).

[182] Butler, J. (1990/2010).

identidade Mulher dá mostras de insuficiência dentro do feminismo –, parece alinhada ao aforismo lacaniano.

Butler parte da teoria de atos de fala da performatividade, os estudos feministas, a psicanálise e o método arqueogenealógico de Foucault para construir uma sofisticada teoria crítica de gênero e mais, da ação política.[183] A filósofa propõe uma nova desconstrução sobre o entendimento do sexo, apontando o caráter pré-discursivo e material deste nas teorias feministas e os processos de exclusão vinculados à ação política que têm como premissa a identidade.

Inspirada em Foucault, Butler disserta sobre a possibilidade de redescrições no campo da sexualidade e do gênero devido aos jogos de força que o Ideal Regulatório[184] exerce por força centrípeta e de refluxo. Estes servem de base para a autora definir os sistemas de norma e abjeção que produzem um sujeito generificado.

Enquanto Foucault descreve o desenrolar de como as sexualidades são classificadas como normais ou patológicas, de acordo com um ideal que é também resultante deste movimento, Butler se apropria da teoria foucaultiana para hipotetizar o modo como um sujeito assume um sexo, uma expressão generificada e um desejo/prática sexual.

Segundo a filósofa, há uma matriz heterossexual que opera sobre os corpos de modo a subjetivá-los dentro de um suposto continuum. Existe uma aparente coerência interna entre o que é chamado de sexo biológico, expressão de gênero e desejo sexual que faz com que estes sejam presumivelmente consequência direta e correlata um do outro. Pressupõe-se que um sujeito "dotado de vagina" desde

---

183 Safatle, V. (2015).

184 Explicado anteriormente no primeiro capítulo.

o nascimento seja também um sujeito que se expresse de modo a confirmar *sua* feminilidade e cujo desejo/prática sexual seja heterossexual.

Ao expor o funcionamento da matriz heterossexual e segmentá-la de modo a demonstrar como a matriz sexo-gênero-desejo não necessariamente obedece a tal imperativo, Butler desmonta esse continuum e introduz uma descontinuidade na compreensão sobre a sexualidade. Para a autora, uma vez que os processos pelos quais os corpos se tornam viáveis são atravessados pelos jogos de força inerentes ao poder em um meio discursivo, é impraticável um sujeito performar um gênero sem que incorra em falhas de onde possam emergir as condições para a sua subversão.

Se por um lado os autores mencionados concordam que há algo que é próprio ao sexual ou ao feminino que é capaz de inaugurar alguma descontinuidade naquilo que se compreende como sujeito, para Butler essa descontinuidade é possível via a dificuldade de atender de fato a essa ficção forçosa que atua sobre os corpos. A norma produz o campo de abjeção do qual se diferencia, ao mesmo tempo que é redescrita pelo abjeto em um movimento constante.

Segundo Moreira,[185] Butler[186] entende que há uma descostura do gênero e da identidade pela impossibilidade de performar, por atos reiterativos e citacionais, um gênero e, portanto, uma identidade. Para a filósofa, essa impossibilidade é efeito dos jogos de força e fissuras presentes na falibilidade do discurso e do poder. Já a psicanálise acredita que o fracasso de "ser de um gênero" deve-se ao sexual e ao modo como este abre um campo de indeterminação para o sujeito.

---

185 Moreira, M. M. (2019).

186 Butler, J. (1990/2010).

A psicanalista propõe, então, questionar quais seriam as consequências desse fazer político que parte não da identidade, mas da inexistência da Mulher. Conforme visto anteriormente, na *Política do Masculino* prevalece a lógica do *para-todos* que, se por um lado

> viabiliza um projeto político, ela o faz, ao mesmo tempo, através de processos de inclusão daqueles que foram excluídos do acesso aos bens que supostamente estariam disponíveis em uma sociedade dentro da lógica do *paratodos.* As tentativas de se incluir aquilo que fora excluído, ainda que garantam acesso a direitos, talvez contribuam para o apagamento subjetivo de determinado grupo.[187]

Ao desmontar o pressuposto identitário para a ação política, desarticula-se também o que se percebe por unidade e universalidade, dando espaço para que algo do campo da invenção possa emergir. A noção de feminino que Lacan[188] oferece no *Seminário XX: mais, ainda,* que será comentada a seguir, é fundamental para se pensar a *Política do Feminino.*

A pergunta que dá nome ao livro supracitado, *O feminismo é feminino? A inexistência da Mulher e a subversão da identidade* é endereçada a partir desta noção. Posto que não corresponde ao que se entende por feminino, nem por termos de gênero nem de sexo, mas de remeter a um ende-

---

[187] Moreira, M. M. (2019), p. 98.

[188] Lacan, J. (1972-1973/2008).

reço indistinto.[189] Sobre a inscrição do sujeito sexuado, Lacan[190] declama:

> A todo ser falante, como se formula expressamente na teoria freudiana, é permitido, qualquer que ele seja, quer ele seja ou não provido dos atributos da masculinidade – atributos que restam determinar – inscrever-se nesta parte" (p. 107).

De onde decorre que o para-todos ao qual foi referido é a marca do sujeito universal e pode ser estendido às mulheres. Ou seja, é possível que as mulheres também se alinhem como um sujeito universal, ainda que sejam constantemente empurradas para a vala da exclusão. De toda forma, significa que Lacan define o feminino e o masculino em modalidades lógicas, de modo que tanto o masculino quanto o feminino concernem ao sujeito e seu gozo – independentemente do sexo, gênero, sexualidade ou o que for.

Para o masculino, há a lógica do para-todos ancorada nos mitos do patriarcado e do pai na psicanálise. A ordenação do campo social é mediante a identidade – do pai que ex-siste, existe "de fora" –, uma exceção que garante a exclusão para se fundar uma unidade e universalidade. Seu gozo[191] correspondente é o gozo fálico, que é também o gozo

---

[189] Tupinambá, G. (2019) Resenha do livro *O feminismo é feminino? A inexistência da Mulher e a subversão da identidade*. In: Miscelânia Le Monde Diplomatique. https://diplomatique.org.br/miscelanea-17/?fbclid=IwAR1GG98HN64iUgFZRDwldTQAYuVZS_L2-JN6wYpf2rGSMiNqaIxOTwbyrAI Acesso em 22 de ago. de 2021.

[190] Lacan, J. (1972-1973/2008).

[191] A noção de gozo tem várias versões na teoria de Lacan. Sobre

do órgão, do proprietário que se vê assegurado na sua constituição egóica sexuada, identidade social e lugar na partilha dos bens – ao mesmo tempo que se sente ameaçado pelo encontro com o outro, com o sexual e com o feminino.

Nas modalidades lógicas de gozo feminino, não há um mito do matriarcado ou a figura da mãe para operar como ordenadora do campo social, nem identidade capaz de formar um grupo. Portanto, no feminino há a inexistência e o impedimento de constituir uma unidade corporal tal qual Freud oferece para os meninos no complexo edípico. Por consequência, o lugar do feminino no laço social não está ancorado na lógica do *para-todos,* mas na lógica do não-todo.

Se por um lado a lógica do para-todos faz com que os sujeitos que lá se alinham sejam todos iguais e submetidos à mesma lei, a lógica do não-todo diz da impossibilidade de se formar um conjunto e universal do lado feminino. Posto que elas são não-todas iguais e não-todas submetidas à lei, afinal, elas também se encontram excluídas na partilha de bens.

Mas há algo mais. Moreira[192] sugere em seu livro que é possível ler, com Lacan, modalidades lógicas por detrás da política e que estas se encontram ligadas à diferença sexual e ao sexual como despossessão – ideias que aqui foram melhor explicitadas e desenvolvidas. Porém, é preciso dar um passo adiante. Para tal, foi sistematizada a *Política do Masculino* para em seguida ser apresentada e sistematizada a *Polí-*

---

este momento específico o gozo tem relação com a pulsão por ser da ordem sexual e dizer do modo como um sujeito investe em determinados objetos, porém referindo a algo que o sujeito experimenta e não como algo que é constante.

[192] Moreira, M. M. (2019).

tica do Feminino – esta que não é uma, mas duas! Para tanto, interessa uma leitura da noção de não-todo que é em parte temerária para os psicanalistas, mas de extrema importância para se pensar a política.

O(s) não-todo(s)

A lógica do não-todo se refere ao modo como o gozo feminino se encontra bifurcado em direção ao falo, ou seja, à lei,[193] ao todo e aos regimes de identidade, posses, bens e atributos, ao mesmo tempo que caminha em direção à inexistência da Mulher, à indeterminação, despossessão e negatividade.

O não-todo fora por muito tempo compreendido em termos lógicos de consequência clínica. Os psicanalistas contemporâneos passaram a utilizar a noção de política do não-todo de formas diversas. Longe de pretender fazer uma extensa revisão bibliográfica do termo, será exposto o modo como os psicanalistas da *École de la cause freudienne*, Jorge Alemán da *Izquierda Lacaniana* e Maíra Moreira[194] desenvolveram essa noção.

Os psicanalistas da *École de la cause freudienne*, sob a orientação clínico-conceitual de Jacques-Allain Miller, genro de Lacan, utilizam tal noção para falar sobre uma desordenação no campo do sexual no contemporâneo. Para os psicanalistas, o não-todo feminino desconstrói identidades[195] e expressa uma política na medida em que resiste à

---

193 Função ordenadora do falo.

194 Moreira, M. M. (2019).

195 Laurent, É. (2015) Genre et jouissance. In: *Subversion Lacanienne des Théories du Genre*. Paris: Éditions Michèle, p.145-162.

homogeneização exigida pela lógica masculina do para-todos e seu universal.[196] Os sujeitos que lá se alinham teriam maior trânsito entre as identificações masculinas e femininas e estariam menos angustiados em relação à castração e à desordem.

Muitos psicanalistas se dedicaram a se servir do conceito como tentativa de responder à teoria de Judith Butler e a fenômenos contemporâneos no campo das parcerias amorosas, vivências sexuais e nomeações – que por vezes identificam os corpos a partir de suas práticas sexuais. De toda forma, vale destacar que muitas vezes essa resposta parte ou de uma defesa da psicanálise ou de uma crítica às teorias e políticas *queer*, que por vezes se confunde com uma crítica na defesa da diferença sexual.

Por outro lado, eles defendem o não-todo na clínica como um modo de dizer que a psicanálise é contrária à homogeneização. Porém, acreditam na importância de se servir das identidades e identificações permitindo a eles uma existência não-toda: nem fixada na identidade, nem vagando pela inexistência.

Seguindo por outra via, os psicanalistas e filósofos da Izquierda Lacaniana desenvolvem a promessa de um projeto político para a esquerda atravessado pela psicanálise lacaniana na construção de um laço social democrático para além do paradigma liberal. Tal qual fizeram os pensadores da filosofia francesa contemporânea com as formulações freudianas sobre o sexual – e em certa medida, sobre o feminino – para interrogar o sujeito, os autores alinhados à Iz-

---

196 Santiago, J. (2012) Prefácio In: *As mulheres e seus nomes: Lacan e o feminino*. Belo Horizonte: Scriptum, p. 17-24.

quierda Lacaniana utilizam da teoria lacaniana para pensar a democracia liberal e o seu desmonte.

De modo que as produções dos filósofos contemporâneos franceses precedem e funcionam de base para as novas formulações da Izquierda Lacaniana, e deste ensaio, uma vez que a noção de sujeito importa, e muito, à democracia. Outro ponto considerável é qual seria o fator que faz com que este movimento teórico e político atual permaneça sob o signo de Izquierda Lacaniana, em espanhol, ainda que "englobe" autores de diferentes nacionalidades tais como Zizek e Chantal Mouffe, tendo como seus principais representantes Jorge Alemán, que cunhou o termo, e Ernesto Laclau, seu conterrâneo.

Vale ressaltar que para o próprio Alemán[197] suas experiências pessoais com a ditadura na Argentina foram oportunas não só para o seu engajamento político, mas também para as suas construções teóricas. Considerando que o Brasil também é um dos países da América Latina que passaram por um regime ditatorial e que muito se ocupa da psicanálise lacaniana, talvez não demore muito para que as ideias dessa nova corrente filosófica e política ganhe mais adeptos e autores em solo nacional.

Retomando a visão de Jorge Alemán, interessa a ele se apropriar da noção de não-todo para aproximá-la à noção marxiana de Comum: este é um termo em disputa no interior da tradição marxiana e refere-se às relações de interdependência e de ações coletivas, bem como às experiências comunais de origem pré-capitalistas.[198] Diferentemente da

---

[197] Alemán, J. (2010) *Lacan, la política en cuestión: conversaciones, notas y textos*. Buenos Aires: Gramma Ediciones.

[198] Federici, S. (2019) *O ponto zero da revolução: trabalho doméstico,*

proposta no capitalismo de um universalismo que defende a propriedade privada, a propriedade Comum é aquela que não visa nenhuma forma de exploração.

Para o autor, o Comum difere da universalidade por propor um coletivo de singularidades, algo que estaria presente no que chama de "atos instituintes": insurgências fora das políticas institucionalizadas e identitárias, como as Jornadas de Junho. Alemán,[199] auxiliado pela leitura de Negri sobre os desenvolvimentos de Deleuze, em que o Comum seria uma potência livre do controle das instituições capaz de subverter o dispositivo capitalista, propõe que o Comum está fora do fundamento identitário e homogeneizante que pretende a universalidade no capitalismo: o que seria Comum a todos os sujeitos diria de um vazio ontológico estruturante. O não-todo estaria, então, ligado ao Comum, de forma que:

> A política não pode ser somente discutir as regras administrativas ou a gestão das normas; (...) a política começa por aceitar que a existência do ser falante, mortal e sexuada não tem como dado originário um meio vital para adaptar-se.[200]

Para Alemán,[201] o capitalismo incita a produção de identidades, logo, de segregações e de clausuras. Seu entendimento

---

reprodução e luta feminista. Tradução do Coletivo Sycorax. São Paulo: Editora Elefante.

199 Alemán, J. (2017) "Uma Izquierda Lacaniana? Entrevista com Jorge Alemán". Tradução de Renata Estrella. https://subversos.com.br/uma-esquerda-lacaniana-entrevista-com-jorge-aleman/ Acesso em 22 de ago. de 2021.

200 Alemán, J. (2010), p. 41-42, tradução nossa.

201 Alemán, J. (2010).

em relação à política se apoia em Freud, Heidegger, Marx e Lacan – de toda forma, vale acrescentar à lista as produções contemporâneas da teoria crítica e os filósofos franceses contemporâneos, como Levinás e, principalmente, Bataille.

A ideia de sugerir a viabilidade de um projeto de política baseado no Comum, tal qual entendem os filósofos e militantes marxistas, refere-se a um projeto político fora da universalidade e da concepção individualista de sujeito baseada nos ideais burgueses.[202] Portanto, ele sinaliza a possibilidade de se fazer uma política não-identitária e visando o Comum, como modo de impedir a homogeneização presente no universal, através da política do não-todo.

Por sua vez, no livro *O feminismo é feminino? A inexistência da Mulher e a subversão da identidade*, interessa a Moreira[203] os modos de se fazer política do feminismo *queer* a partir das noções de feminino e de não-todo apresentadas por *Lacan no Seminário XX: mais, ainda* e as produções sobre o não-todo como política pelos psicanalistas da École de la cause freudienne.

Seguindo por um caminho diverso aos descritos anteriormente, a autora propõe que um feminismo feminino seria aquele que não parte da categoria identitária para o fazer político, de modo a constituir outras possibilidades de unidade e universalidade.

A política do não-todo seria então, para Moreira, uma política que não usa da identidade porque entende que as noções que sustentam essa identidade dizem de uma imposição universalizante apoiada na diferença sexual para o reconhecimento. Porém, é o próprio sexual que leva à des-

---

202 Alemán, J. (2010).

203 Moreira, M. M. (2019).

constituição da identidade. O não-todo introduz algo do sexual para o campo da política, permite pensá-la em modalidades lógicas sexuadas: modos masculino e feminino de se fazer política. Portanto, é preciso que um sujeito se perceba atravessado pelo feminino para agir politicamente.

Em seu livro, a autora dá como exemplo as políticas de coalizão[204] e de assembleia[205] descritas por Judith Butler como modos de se fazer política femininos, em consonância com a política do não-todo. Vale acrescentar que estas diferem das práticas comunais e da defesa e construção do Comum, por serem políticas contingentes e de acordo com as demandas em curso dentro de uma sociedade capitalista. Ou seja, não visam o retorno de experiências anteriores ao capitalismo ou algum telos ordenador, tampouco buscam respaldo em qualquer tipo de ontologização (já que estas levam também à essencialização à e identidade). Conforme mencionado, o indizível do feminino é também uma estratégia para se valer da negatividade e dar lugar para a inventividade e a contingência do porvir, e é por isso que importa deixar tais questões, do teleológico e do ontológico, em aberto. Em contrapartida, a proposta de Multidões *Queer* de Paul Beatriz Preciado,[206] seria um modo de se fazer política menos produtivo por não admitir o uso contingente de identidades de acordo com as demandas em curso.

---

[204] Butler, J. (1990/2010).

[205] Butler, J. (2015/2018).

[206] Preciado, P. B. (2003/2011). "Multidões queer: notas para uma política dos 'anormais'". Tradução de C. Z. Munchow e V. T. Siveira. p. 11-20. Florianópolis: *Estudos feministas*. 19(1), jan-abr. https://periodicos.ufsc.br/index.php/ref/article/view/S0104-026X2011000100002/18390 Acesso em 22 de ago. de 2021.

> Butler, ao adotar estrategicamente uma identidade para a política, faz valer a representatividade e o reconhecimento, ou seja, há referência ao Outro, logo, sua proposta é menos mortífera e mais condizente com a vida quando comparada à radicalidade do posicionamento de Preciado.[207]

Portanto, ainda que ambos autores contestem a universalidade e a premissa identitária no fazer político, Butler[208] admite a possibilidade de adoção de uma identidade para a política. Preciado por sua vez nega qualquer expectativa de representação através das multidões *queer* "às políticas republicanas universalistas que concedem o 'reconhecimento' impõem a 'integração' das 'diferenças' no seio da República".[209]

Para Moreira, a radicalidade da visão de Preciado se diferenciaria da política do não-todo porque não admitiria nenhuma referência ao todo ou à universalidade. Neste momento, serão apresentados dois modos de se fazer política no feminino:[210] a partir da política de coalizão e identidades con-

---

[207] Moreira, M. M. (2019), p. 171.

[208] Butler, J. (1990/2010).

[209] Preciado, P. B. (2003/2011), p. 18.

[210] Estas, assim como a possibilidade de se pensar uma Política do Masculino, foram mencionadas pela autora, pela primeira vez, no podcast do jornal *Le Monde Diplomatique Brasil*, Guilhotina, episódio 38 e disponibilizado no dia 13/09/2019: "É possível pensar a política de dois modos: uma é a que eu propus no livro [O feminismo é feminino? A inexistência da Mulher e a subversão da identidade], que é a do não-todo (...) em que a gente está sim submetido à lei, mas *não de todo* submetido (...); e a gente pode pensar a política do não-todo como aquilo que nega o todo, integralmente."

tingentes de Butler e a partir das políticas de multidão *queer* de Paul Beatriz Preciado.

Suplemento *versus* negação

Será explicitado agora, como ambos modos de ação política sugeridos por Butler e Preciado fazem parte da *Política do Feminino:* são contrários à identidade e à universalidade e projetam uma nova forma de agrupamento e de universalidade que não chega a formar um todo.

No primeiro caso, Butler fomenta uma teoria da ação política que, lida a partir da noção de não-todo, será chamada de *não-todo como suplemento.* Significa que, conforme explicitado sobre a *Política do Masculino,* a lei opera de modo a universalizar, recai no *para-todos.* O *não-todo como suplemento* diria de aquilo que no feminino nega o todo, mas não em sua totalidade.

A lógica suplementar não é complementar à *Política do Masculino.* A postulação de Lacan é que o gozo feminino é suplementar: "Vocês notarão que eu disse suplementar. Se tivesse dito complementar, onde é que estaríamos! Recairíamos no todo!"[211] Ele é suplemento ao gozo fálico, masculino, na medida que oferece algo "outro".

É suplementar na medida que faz valer a bifurcação mencionada anteriormente, onde algo caminha para a inexistência da Mulher, ao mesmo tempo que se dirige às identificações e identidades. Ou seja, trata-se de uma política que ao mesmo tempo que procura atuar na desconstrução de determinado campo normativo opera internamente a ele,

---

[211] Lacan, J. (1972-1973/2008), p. 79.

servindo-se das identidades disponíveis e das brechas ofertadas no interior da democracia liberal.

Ademais, caso fosse complementar, haveria para a psicanálise a ilusão de complementaridade entre os sexos masculino e feminino, a ilusão de que são opostos, que se atraem e se encaixam. Pode-se acrescentar, ao utilizarmos destas noções para a política, que o suplementar denota que não há motivos para sair em defesa da manutenção da *Política do Masculino* como um *mal* necessário ou inevitável.

Já a política de Preciado[212] seria a do *não-todo como negação,* em que o não-todo nega o todo completamente. Nega toda e qualquer possibilidade de representação e de reconhecimento, qualquer uso estratégico da identidade e qualquer tipo de universal. O *não-todo como negação* se apoia na inexistência da Mulher, o que, em parte significaria o fim de todo horizonte de normatividade.

Muitos psicanalistas achariam temerário esse tipo de política, pelo perigo de ressurgir uma figura autoritária, tal qual ocorreu em vários países pela guinada mundial da extrema-direita.[213] Ademais, podem surgir sujeitos que na suspensão ou fora do campo das normatividades respondam de forma violenta à falta de contornos identitários e ordenadores, ou se sintam jogados a uma condição de desamparo e de não reconhecimento.

É difícil explicar se é de fato verossímil imaginar um horizonte sem qualquer tipo de normatividade. Na primeira proposta, *do não-todo como suplemento,* há a possibilidade de tensionamento e de redescrição desse horizonte norma-

---

212 Preciado, P. B. (2003/2011).

213 Santiago, J. (2015). Efeito-Charlie e a Política do não-todo. *Portal Minas com Lacan*. 13 de fevereiro de 2015.

tivo. Na segunda, algo que visa o seu fim. Entretanto, não há porque inferir que o resultado seria um retorno do pior ou que, pela impossibilidade de prever o que se daria, melhor nem tentar.

Segundo Moreira,[214] a Marcha das Vadias é um bom exemplo de um modo feminino de se fazer política. As manifestantes aderem à marcha em torno de um nome que é também um insulto, ressignificando-o para o uso político. Afinal, uma mulher vadia é uma mulher que, pelos processos de exclusão e violência social, é jogada para a vala da morte, dos estupros, assédios, exploração sexual e feminicídio.

"Vadia" é uma mulher que por não performar o que se espera de uma mulher, o que é exigido socialmente a uma mulher, tem o seu corpo exposto a violências que são justificadas pelo Estado como decorrentes de seu mau comportamento. O grande paradoxo é que muitos desses casos de violência ocorrem no ambiente doméstico ou têm como agressor um homem próximo à vítima.

De toda forma, vadia é aquela que não corresponderia à identidade Mulher e por isso seria punida por estar muito distante do ideal. Logo, quando as mulheres se reúnem sobre esta identidade provisória elas quebram as expectativas da *Política do Masculino* e forçam o reconhecimento de outras formas de existência.

Algo que as políticas *queer* também logram fazer ao negar as tentativas do movimento gay de aparentar cada vez mais com o sujeito universal: o homem branco. É crescente no movimento uma burguesia e cultura gay cada vez mais normatizada, com suas exigências pelo casamento e adoção homoparental – que são de fato caros ao laço social. Porém,

[214] Moreira, M. M. (2019).

surgem também as políticas *queer* no sentido de viabilizar e preservar expectativas de existência para aqueles que estão tão distantes da norma, que têm suas vidas constantemente ameaçadas. Essa demanda por possibilidades menos violentas de existência, de poder existir fora dos regimes de reconhecimento impostos, diz de uma *política do feminino do não-todo como suplemento.*

Talvez valha a pena arriscar um exemplo tomando a luta pelo casamento gay. Este é um modo de tensionar o que se apreende como casamento e parceria amorosa, pois retira-os da ideia do casamento como instituição que regulamenta a procriação e prescreve uma família hierarquizada, generificada para a transmissão de herança para os filhos legítimos.

É interessante porque há uma reivindicação calcada na identidade e prática sexual, tal qual fazem os movimentos sociais ao responderem às demandas de reconhecimento colocadas para eles. Ainda que haja um forte tensionamento que reconfigura tais demandas, trata-se de uma *Política do Masculino.*

Afinal, não há nada mais normativo que o casamento. E reclamar acesso aos bens é um modo de se limitar à *Política do Masculino* ao exigir adentrar à lógica do *para-todos*. Seria muito mais subversivo e chocante se houvesse uma mobilização pelo fim do casamento, o fim de tal regime de reconhecimento, que negasse de todo a relação contratual a ser reconhecida pelo Estado.

Enfim, talvez a dificuldade em prescrever como se passariam as *Políticas do Feminino* do tipo *não-todo como negação* atestam o quão limitada a imaginação política se encontra cada vez que os sujeitos topam participar do jogo de cartas marcadas que é a *Política do Masculino*. Ainda assim, na próxima seção será descrita como seria uma política que nega o todo.

A *Política do Feminino* é tanto a *do não-todo como suplemento* quanto a do *não-todo como negação*. O que seria capaz de advir fora de tais regimes de reconhecimento em que a identidade sustentada pela diferença sexual não seja um subterfúgio para o mesmo? Não se trata aqui de postular um modo de se fazer política oferecendo um telos definidor, posto que se firmar em um telos leva a uma lógica masculina. O que está em questão é refletir: caso "a política não fosse mais compreendida como um conjunto de práticas derivadas dos supostos interesses de um conjunto de sujeitos prontos, uma nova configuração política surgiria certamente das ruínas da antiga".[215]

Talvez o que alguns psicanalistas temam dessa nova configuração esteja referido ao ideário burguês correspondente à *Política do Masculino*. Este insiste na promessa de que não há nenhuma via de existência diferente ou melhor do que aquela da democracia liberal, ao mesmo tempo que visa impossibilitar qualquer tipo de ação política, apresentando-se como imutável.[216] Talvez seja por isso que, no Brasil, os movimentos de radicalização partam sempre da direita, ameaçando a democracia com um possível retorno à ditadura militar, travestida de *novo* – de neoliberal.

Uma direita que se apodera dos discursos críticos às instituições, que a esquerda até então realizara em relação à mídia, à constituição e aos poderes legislativo, executivo e judiciário, para implementar o irracionalismo na política. A gramática permanece a mesma, a ameaça comunista pai-

---

215 Butler, J. (1990/2010), p. 213.

216 Marx & Engels, (1890/2008).

ra sobre o país pela invasão dos comedores de criancinhas, antes no sentido literal, hoje metafórico, vide a "mamadeira de piroca" e o "kit gay". Teme-se, não só a esquerda radical, como também a moderna: o fantasma que assombra o país é de um comunista gay que, no imaginário político conservador, lê-se *pedófilo.*

A direita reclama ocupar o lugar de uma falsa oposição ao *status quo,* lançando e elegendo candidatos que se dizem avessos à política, na defesa da estética do politicamente incorreto e forçando os discursos anti-institucional e antipartidário como "o discurso democrático". Na verdade, trata-se de uma posição que fere profundamente quaisquer pressupostos básicos da democracia, até mesmo da democracia liberal. É a direita no Brasil que fala em pegar em armas e em derrubar a Constituição, e que leva a esquerda à posição moderada de liberais comprometidos com direitos individuais – o que proclamam é a cisão, mas o movimento é de retorno à 1964. Não é à toa que pode-se distinguir os brasileiros a partir de como nomeiam a experiência ditatorial do país: Revolução ou Golpe – *impeachment ou golpe*? A nomeação, porém, tem um ponto de indiferença: o golpe é para todos.

Não se intenta, então, ao realizar uma crítica à *Política do Masculino*, afirmar uma posição contrária às instituições e em defesa de supostas liberdades individuais. Vale pontuar, portanto, sobre essa nova configuração política, da *Política do Feminino*, que haveria sim algum horizonte normativo e um regime de reconhecimento. Trata-se, portanto, de uma defesa de possibilidades de existência menos violentas, e não da celebração e imperativo de produzir qualquer existência.[217] Admitir esse campo de normatividade não é, entretanto, incluir a violência como parte do laço social.[218]

De toda forma, para a psicanálise, ainda que novos modos de se fazer política e novas configurações políticas em decorrência da primeira possam emergir, Freud era um grande crítico dos ideais de solidariedade presentes no socialismo e de igualdade no feminismo de sua época, pois os identifica com certo ideal de felicidade, e está ciente de que o Ego não abandonaria de bom grado a sua agressividade em relação ao outro no laço social. Há um mal-estar inerente ao processo civilizatório[219] que, por um lado, o não-todo pode aliviar, mas não de todo.

Ni una a menos: nem matriarcado, nem matricídio

Se por um lado o que existe na *Política do Masculino* é algo que remete à igualdade, à força do ideal e da exclusão, na *Política do Feminino* há outros atravessamentos. Segundo Safatle,[220] a posição de alienação por excelência é a posição masculina, por considerar (imaginariamente) a ilusão do todo, da existência e do princípio de igualdade entre os sujeitos. Já no feminino, como nos lembra Miller,[221] no texto

---

217 Butler, J. (1990/2010).

218 Butler, J. (2015/2018).

219 Moreira, M. M. & Oliveira, A. G. (2017).

220 Safatle, V. (2017) *Só mais um esforço*. São Paulo: Três Estrelas, citado por Moreira, M. M. (2019).

221 Miller, J.-A. (2010). "Mulheres e os semblantes". In: Caldas, H., Murta. A., Murta, C. (Orgs.). *O feminino que acontece no corpo*. Belo Horizonte: Scriptum.

Mulheres e Semblantes, em um agrupamento de mulheres encontra-se algo que é da ordem da diversidade. Para Lacan,[222] não haveria aí nenhuma reprovação, até pelo o que a diversidade tem de divertido!

Como se daria na prática uma *Política do Feminino* como recurso contrário à segregação? Talvez a marcha *Ni Una Menos* seja um bom modo de exemplificação, até pela força de tal denominação e pelo alcance político desta manifestação. Diferentemente do paradoxo da igualdade, que sustenta o mito do patriarcado e o parricídio na *Política do Masculino*, os corpos são convocados para formar um corpo político contrário à violência e segregação via assassinato. O que não significa declarar que a *Política do Feminino* se opõe a qualquer tipo de luta e estética violenta – como fazem os ativistas liberais e a marginalização estatal das minorias e dos movimentos sociais. A diferença é que a *Política do Feminino* não atua na posição cínica de incluir a violência e as formas que esta possa assumir de morte, exclusão e segregação no laço social como fundantes, inevitáveis e compulsórias.

Segundo Lacan, a lógica masculina está pautada no mito pai da Horda e seu assassinato. Estes são importantes na composição do social pois é preciso que *aomenosum* se apresente como de fora para que se forme um conjunto e um universal. O pai assassinado funciona tanto como ideal como quanto excluído. É porque há o pai que há identidade, é porque ele é assassinado que há violência sobre aqueles que não se alinham nesta identidade.

Se para os homens há *aomenosum*, na lógica feminina, conforme define o psicanalista, não há mito do matriarcado para estruturar um corpo social e tampouco o matricídio.

---

[222] Lacan, J. (1972-1973/2008).

Segundo Lacan, para a Mulher, a inexistência! Ou seja, não existe ao menos uma que faça exceção ao mesmo tempo em que não existe alguma que possa ser excluída.

Propõe-se, então, uma aproximação entre o *aomenosum* e a marcha de protesto de nome emblemático *Ni Una Menos*, originado na Argentina, Uruguai e Chile no dia 03 de junho de 2016. No livro *O feminismo é feminino? A inexistência da Mulher e a subversão da identidade*, Moreira discorre sobre como não se trata de uma marcha identitária, posto que as mulheres se reúnem em torno da negatividade: "a marca que se faz é a de que nenhuma deve ser subtraída, nenhuma deve ser morta".[223]

O nome do movimento se deve à ativista feminista e poetisa Suzana Chávez. Seus poemas denunciavam a situação de violência de gênero e as altas taxas de feminicídio em sua cidade natal, Ciudad de Juarez, no norte do México. É atribuída a ela a autoria a frase "Ni Una Menos. Ni Una Muerta Más". Suzana foi assassinada no ano de 2011 em um crime hediondo cometido por três homens fora de seu círculo. Foi encontrada com a mão esquerda decepada, um indicativo de que o assassinato fora movido por questões misóginas e políticas, já que era pela via da escrita que girava o seu fazer político.

As autoridades locais, temendo revoltas por parte da população, procuraram encobrir o crime de feminicídio. Sua morte foi transformada no resultado de uma saída entre Suzana e homens que ela desconhecia para fazerem o uso de álcool e drogas. Seu assassinato seria uma consequência de atos levianos de uma mulher envolvida com a vida pública e

---

[223] Moreira, M. M. (2019), p. 154.

que não soube se portar de modo a se proteger da violência dos homens.

O livro de Butler, *Corpos em aliança e a política das ruas: notas para uma teoria performativa de assembleia* pode servir como chave de leitura para fazer uma análise do movimento supracitado. Observa-se que este não opera em torno de uma identidade, mas sim, como sugere a autora, da precariedade dos corpos. Esta atravessa todos os viventes, uma vez que o corpo é frágil diante da violência e à condição de precariedade, aos quais alguns corpos e grupos se encontram mais submetidos que outros.

O *Ni Una Menos* é um movimento que denuncia o assassinato compulsório de mulheres. Portanto, por um lado tem-se uma concepção de *Política do Masculino* que é identitária e de uma igualdade a ser mantida às custas da violência (na forma da exclusão e/ou do assassinato). Por outro, o que se passa no *Ni Una Menos* é da ordem de uma vulnerabilidade que, ao invés de impedir a ação política pela inatividade e dependência de políticas paternalistas, viabiliza um novo entendimento de política – e de sujeito.

Não se tratam de sujeitos reclamando uma posição paternalista do Estado, do retorno ao pai ou de políticas que frente a situações de desagregação social e de medo generalizado clamariam por mais violência do Estado. Violência que poderia vir por medidas punitivistas, policiamento ostensivo, toques de recolher, intensificação da divisão sexual do trabalho ou da legalização do porte de armas para supostamente proteger as mulheres do assassinato. Mas, pelo contrário, trata-se de uma agência que luta pelo direito de ter direitos ao mesmo tempo que recusa a posição vitimada, muitas vezes imposta aos grupos vulneráveis.

O movimento *Ni Una Menos* ressalta a dimensão de negatividade da identidade que dá espaço à pluralidade de vozes e à diversidade de corpos que dele participam. A dupla negativa (nenhuma – menos) contempla a inexistência de um conjunto de mulheres em torno de uma líder, ou de uma imagem ideal, o que faz com que cada uma lá esteja em sua singularidade. A origem contingente do movimento tem como apelo que nenhuma mulher tenha sua (in)existência anulada.[224]

Se em um grupo em que todos são iguais a subtração de um não faria diferença na identidade do grupo, em um coletivo onde cada uma é diferente a subtração de uma reconfigura a lógica universal por introduzir uma novidade. Por isso, tenciona-se pensar a diversidade a partir da lógica do *não-todo como negação* a fim de superar o ideal de igualdade – que ao invés de contemplar direitos significativos, pode incorrer no erro de eliminar subjetividades.

Segundo Butler,[225] há condições necessárias para a emergência de determinadas ações políticas, e portanto, de determinadas formas de assembleia e de universalidade. Porém, há também um paradoxo que se sustenta no fato de que, às vezes, são as ações políticas coletivas que instauram essas novas condições de assembleia, demanda social e universalidade.

O movimento *Ni Una Menos* ultrapassa até mesmo as proposições iniciais da autora, como se observa no livro

---

224 "Se o *aomenosum* é marcado por uma positividade da existência, o *nenhumamenos* se refere a uma negatividade que se inexiste A mulher, inexiste Uma que possa ser subtraída" (Moreira, 2019, p. 154-155).

225 Butler, J. (2015/2018).

Problemas de Gênero: feminismo e subversão da identidade, em que a autora defende o uso de identidades provisórias para políticas contingentes. De outro modo, o *Ni Una Menos* instaura novas condições necessárias para sua emergência pela força do negativo, que não permite um particular, pela força performativa de seu nome, um nome que, como diz Safatle,[226] quebra nomes e subverte assim a política. "*Ni Una Menos. Ni una Muerta Más*".[227]

[226] Safatle, V. P. (2016) *Quando as ruas queimam: manifesto pela emergência.* São Paulo: n-1 edições.

[227] Tal frase é atribuída à poetisa Susana Cháves, porém não há registros específicos em seu blogspot Primera Tormenta.

CONCLUINDO

Seguindo por um caminho diverso, será realizada a tradicional retomada linear dos pontos construídos e descritos ao longo do texto, mas, em acréscimo, haverá a tentativa de fazer avançar algumas questões colocadas e que podem ter surgido à margem do ensaio.

.retomando

No desenrolar deste estudo foram construídos argumentos de como a 'diferença sexual' e o 'sexual' se relacionam com a política e com os moldes de reconhecimento nas democracias liberais, de modo a apresentar o que seria então uma *Política do Masculino* e uma *Política do Feminino*.

Tais noções foram formuladas a partir da concepção lacaniana de masculino e feminino como modalidades lógicas de gozo. Dito de outro modo, masculino e feminino, na teoria de Lacan, ultrapassam o que se compreende usualmente de tais categorias e seus correlatos anatômicos e culturais. Portanto, o que se propôs aqui corresponde a: se um sujeito pode se ver tanto em uma posição quanto em outra, o mesmo vale para as modalidades políticas propostas. Ou seja, há modalidades lógicas de gozo por detrás da política apoiadas na diferença sexual!

Uma *Política do Feminino* não é exclusiva às mulheres, até porque é impossível fundar um universal da mulher. Contudo, o feminismo é um dos nomes da *Política do Feminino*, posto que, assim como tais políticas, ele negocia o que se entende por sujeito, universalidade e política. Uma vez que "desarticular a lógica masculina é também desarticular a lógica patriarcal",[228] há algo no feminismo que está intimamente ligado à *Política do Feminino*.

Ademais, é preciso fazer uma pequena diferenciação. No feminismo, desmantelar a lógica masculina e patriarcal está intrinsecamente ligado ao desmonte da lógica capitalista. De modo que, o feminismo é contrário a toda forma de opressão; é preciso ser também antirracista, anticapitalista e contrário às opressões que as miniorias sexuais, entre outras, estão submetidas.

A *Política do Feminino* também rejeita os processos de dominação decorrentes do "universal do homem branco". Porém, seu objetivo é o desmanche do universal, da lógica masculina e da lógica patriarcal. Logo, a desarticulação da lógica capitalista e das lógicas de opressão que sustentam o racismo, homofobia e transfobia, são um *efeito* de tal política.

Ela é a que desconstrói identidades e que possibilita outros modos de se fazer política. É preciso desmontar tanto o pressuposto identitário no qual se ancora a democracia liberal, que é pautado na diferença sexual, quanto os regimes de reconhecimento impostos pela democracia liberal. Trata-se de uma política contrária ao jogo cínico que o capitalismo de Estado cria ao reduzir a política à gestão dos corpos e dos conflitos e aos movimentos institucionalizados – que jogam o jogo, em parte prevista e oportuna –, da *Política do Masculino*.

De toda forma, é indispensável ressaltar que, por estarem intrinsecamente ligados, desarticular a lógica masculina e

---

228 Moreira, M. M. (2019), p. 150.

patriarcal é também desarticular a lógica capitalista. Talvez seja proveitoso levantar em questão o que mais temem alguns conservadores (e até alguns psicanalistas): o fim do capitalismo ou o fim da diferença sexual?

Segundo Lênin, só haverá democracia de fato, quando houver igualdade para homens e mulheres para além de uma lei que tente garantir a mesma. "Enquanto as mulheres não forem chamadas a participar livremente da vida pública (...) não pode haver socialismo, nem sequer democracia integral e durável".[229] A aposta aqui levantada é que desarticular a lógica identitária e universalista baseada na diferença sexual, tal qual fomentada pelo capitalismo, tem efeito de desarticular o mesmo. *Por efeito, a superação da lógica capitalista necessita do desmonte do pressuposto identitário sexuado no qual ela se ancora.*

.feminino, ainda?

Se em um primeiro momento foi necessário demonstrar como há ligação entre a diferença sexual e a política, e as consequências lógicas a serem extraídas de tal entrelaçamento, surgem também outras questões em relação aos termos: porque falar de feminino, ainda?

Dentre uma das marcantes problematizações colocadas em relação ao feminino, a filósofa Simone de Beauvoir discorre sobre o fato de não haver uma essência feminina, algo que em seu livro, *O segundo sexo*, ela acusa, certeiramente, a biologia, o marxismo e a psicanálise.

---

[229] Lênin (1947), p. 30, apud Marx, Engels, Lênin (1980). *Sobre a mulher*. 2ª ed. Revisão: Amandina Venâncio. São Paulo: Global Editora.

Contudo, se por um lado Freud e Lacan por vezes possuam uma visão normativa da diferença sexual e se esforcem em descrever (ou prescrever?) o que seria a feminilidade – ato que cai nas armadilhas da generificação e da substancialização de uma essência feminina –, há algo mais.

Para Freud,[230] o feminino e o masculino são categorias abstratas passíveis de serem encontradas com igual verdade nos corpos, sejam eles detentores de um pênis ou de uma vagina. O próprio argumento da predisposição à bissexualidade é uma saída que Freud encontra às limitações colocadas nas tentativas de situar o sujeito tão somente na diferença sexual. A diferença sexual em Freud funciona como instrumento de ordenação e normatização do campo do sexual. Posto que há algo na *diferença* que permite algum tipo de contorno imaginário, ao mesmo tempo que há algo no *sexual* que aponta para a sua insuficiência.

Lacan,[231] por sua vez, pensa o feminino e o masculino como modalidades lógicas de gozo, de modo que um sujeito, independente de seus predicados e atributos, pode se situar de um lado ou de outro, podendo ainda experimentar uma posição outra: ato que independe de como este se identifica e tampouco é voluntarioso.

Decorre que o feminino concerne tanto aos homens quanto às mulheres e vice-versa. Negar isso implica em um preconceito sexista.[232] A diferença sexual importa por situar o sujeito em divisão interna: o coloca dividido consigo mesmo, com parte daquilo que se identifica e aquilo que, ainda

---

[230] Freud, S. (1925/1996).

[231] Lacan, J. (1972-1973/2008).

[232] Fuentes, M. J. S. (2012).

que o sujeito possa se empenhar em excluir, é constitutivo de seu ser.

Optou-se por manter os nomes feminino e masculino pelos motivos que serão listados a seguir:

1 - demonstrar como a política e os regimes de reconhecimento se encontram ligados à diferença sexual.

2 - evitar o uso das palavras feminino e masculino implica em uma compreensão nominalista da linguagem, como se os termos fossem atemporais e materiais. Ou seja, impassíveis de serem redescritos, ressignificados ou repensados. Como se a mera menção a eles operasse tão somente de modo normativo, a substancializar, essencializar e generificar posições. Propõe-se, então, a *queerificação* dos termos: uso estratégico dos termos que altera seus significados, primeiro, e lhes confere a facilidade de agência, agrupamento e ação política fora do pressuposto identitário.

.é preciso se ver atravessado pelo feminino para agir politicamente

Reconhecer os sujeitos em sua indeterminação, ou seja, fora de uma lógica de atributos e predicados imanentemente identitária, desloca o próprio sentido atribuído à política. Essa deixa de ser atrelada à lógica utilitarista de distribuição e acesso aos bens, do contrato, do cálculo de prazeres e do sujeito de direito. Para Butler, a política vigente é a que possibilita a emergência e existência de certos modos de vida em detrimento de outras: há corpos que importam e que pesam sobre aqueles que, por estarem muito afastados da norma, são soterrados na vala da abjeção. Por isso a urgência de uma ação política que force o reconhecimento de algo que é da ordem do inumano, reconfigurando a imagem que se tem do homem.

Significa que: para agir politicamente não se trata de afirmar a identidade ou exclusão de uma identidade, mas é vital se perceber atravessado pelo feminino – este que compete a todos e retira os corpos da ficção identitária indispensável ao capitalismo – para agir a partir da indeterminação, daquilo que no sexual leva os corpos à despossessão e que promove uma política de fato subversiva e transformadora.

.o feminismo é um dos nomes para a POLÍTICA DO FEMININO

A luta feminista é aquela que, por excelência, aponta a injunção entre a política e a diferença sexual, exigindo o seu desmonte. O que não impede que algo da *Política do Feminino* seja observado, em outras insurgências e manifestações, naquilo que Alemán[233] chamou de "atos instituintes". Ainda assim, há algo que falta a estes "atos" para que eles logrem em transformar a realidade e que se deve ao fato destes ignorarem a questão do sexual na política. A título de exemplo, será realizado um comentário sobre "As jornadas de junho" no Brasil.

Manifestações como esta expõem uma crise na representação e uma desconfiança em relação às instituições, e, porque não, uma descrença generalizada no Outro. Essa e outras insurgências denunciam as imposturas do Estado em seu papel ordenador paternalista e recusam a homogeneização dos corpos através de políticas reformistas que impedem uma real mudança no *status quo*. O feminino é aquele que

---

[233] Alemán, J. (2017).

não permite nenhum universal, logo, não admite conjunto, pois o não-todo feminino exprime uma política por sua insubmissão à lógica patriarcal e por sua recusa ao universal.

Longe de querer formar uma narrativa única sobre os diferentes modos de se fazer assembleia presentes nas insurgências mais recentes, e até mesmo dentro das Jornadas de Junho, objetiva-se, como faz Butler:[234]

> sugerir somente que quando corpos se juntam na rua, na praça ou em outras formas de espaço público (incluindo os virtuais)... transmite(m) uma exigência corpórea por um conjunto mais suportável de condições econômicas, sociais e políticas, não mais afetadas pelas formas induzidas de condição precária.

Ou seja, não se trata de desenvolver um trabalho comparativo ou que caiba a um historiador social. Mas de tecer considerações a respeito dos modos de ação coletiva e política contemporâneos que não mais se apoiam em políticas institucionais, sindicais e partidárias. Estes, seguindo por outra via, agem fora dos regimes de inteligibilidade da política tradicional, forçando, desse modo, o reconhecimento do inumano.

As manifestações e insurgências não se organizam em torno de figuras de liderança, atuando através da negatividade e da indeterminação. A ação política se dá para além das premissas identitárias e do entendimento da política como luta de acesso aos bens, logo, pode-se levantar a questão: *o que coloca esses corpos em assembleia? Como criar*

---

[234] Butler, J. (2015/2018), p. 17.

um corpo-político fora da lógica identitária? Como produzir reais mudanças?

Essas e outras questões podem ser trabalhadas a partir de noção de feminino em Lacan. O feminino é aquele que não pode ser representado, que parte de sua indeterminação, para inventar um modo de existência singular. Entre as hipóteses aqui defendidas, o que permite que os corpos entrem em assembleia é da ordem de um gozo que não é o gozo do proprietário, mas um gozo não-todo, que os escapa e os coloca diante de sua própria indeterminação, diante de sua inumanidade.

Essa política fora dos atributos viabiliza que as próprias noções de constituição de um corpo político, ou seja, de unidade, e por consequência, universalidade, sejam redefinidas. Estas apontam para a falência da representação e da universalidade, vide a multiplicidade de demandas e a ausência de figuras de liderança e da política tradicional (partidária, sindicalista e institucionalizada) nas Jornadas – em que, de fato, pautas antagônicas estavam em disputa, inclusive pautas fascistas, antipartidárias, militaristas e de extrema direita.[235]

Por um lado, as Jornadas de Junho sinalizaram as manifestações do não-todo dentro da política. Assim como as políticas pós-identitárias, de coalizão e os corpos em assembleia, demonstram algo do feminino que invade e reconfigura o campo de relações sensíveis dentro da política.

Em decorrência das produções de crise próprias ao capitalismo e seus modos de exploração, a crise global de 2008 gerou manifestações e revoltas em todo o mundo, expondo que algo no casamento entre capitalismo e democracia não

---

[235] Fernandes, S. (2019).

anda bem. Como consequência, emergiu uma monstruosidade de corpos políticos fora dos domínios de inteligibilidade dentro da política tradicional e que não mais se valem de sindicatos e partidos para se fazer representar.

Nas manifestações que ocorreram no Brasil, houve um desencantamento geral e uma dificuldade em exprimir de fato suas reivindicações, suas demandas, em eleger seus líderes e representantes e em uniformizar quem seriam os participantes das manifestações. Arrisca-se insinuar que, neste período de ascensão de estratégias e táticas autônomas e espontâneas, os sujeitos partiram do indeterminado, do inumano para a ação política, forçando o reconhecimento de formas de vidas submetidas a situações precárias e de violência física, simbólica e econômica.

Para o filósofo Vladimir Safatle, as jornadas só foram possíveis em consequência de uma decomposição da esquerda e do atraso de suas estruturas, seu caráter dirigista, vertical, centralizados e reformista, além de possuir seus sistemas de representação, como os sindicatos, a UNE e o MST, para citar alguns, cooptados por aparelhos do governo: "Por esse motivo, 2013 foi inicialmente produzido por movimentos autonomistas e sem vínculo partidário explícito. A força de transformação de 2013 só poderia ser incorporada por movimentos políticos de estrutura aberta e horizontal".[236]

Porém, o que ocorreu após as jornadas foi justamente uma guinada dos setores mais conservadores: diante da paralisia do governo e a dificuldade da intelectualidade brasileira em ler o fenômeno e construir novas gramáticas para a esquerda, o que houve foi a radicalização da direita via a apropriação do discurso anti-institucional, ao ponto em que

---

[236] Safatle, V. (2017), p. 113.

a esquerda brasileira, nos anos que sucederam as jornadas, se viu no lugar de defensora da legalidade, da constitucionalidade e da ordem.[237]

Há algo da Política do Feminino nas Jornadas, porém o seu fracasso reside tanto na não radicalização da esquerda quanto da ausência da desarticulação identitária na luta. Seus agentes partem do indeterminado para a ação política, o que, por consequência, impede a formação de um conjunto ou premissas universalizantes, mas que não obstrui de modo algum o ato político e a ação coletiva. Do contrário, é precisamente por não se apoiar em um cálculo utilitarista e em lógicas consensuais que se habilita uma ruptura capaz de reconfigurar o campo da política e o que se capta como humano.

Safatle[238] discorre sobre a necessidade de se reconhecer atravessado por uma pulsão para agir politicamente. No presente ensaio, a aposta é que para se agir politicamente é preciso se ver atravessado por algo do feminino. O que significa que há uma lógica por detrás dessas políticas que é feminina e que faltou algo às Jornadas de Junho para além da radicalização da esquerda: um projeto de desconstrução das identidades e de sua ancoragem na diferença sexual.

.democracia plena e um novo sujeito: alguma normatividade à vista?

Um ponto pertinente a ser discutido remete ao *pânico moral* que muitos sujeitos experimentam quando acreditam estar diante do fim das normatividades no campo do sexual, seja através da liberalização de algumas práticas ou pela absor-

---

[237] Safatle, V. (2017).

[238] Safatle, V. (2016).

ção institucionalizada delas pelo aparelho estatal – vide o casamento homossexual.

Rubin[239] explica como este pânico remonta a uma paixão imaginária na crença de que, caso algumas existências sejam reconhecidas – o que implica a sua emergência na vida pública e cotidiana fora do policiamento ostensivo dos que gozam do status de cidadãos e do Estado, e livre de violências que podem assumir a forma do assassinato e genocídio de um grupo –, toda e qualquer existência, prática ou parceria sexual poderia advir.

Há um pânico moral no sentido de que, dependendo das formas daquilo que se concebe como humano possa alcançar, a própria questão da humanidade será colocada em xeque. O pânico gerado pelo casamento homossexual é um bom exemplo por ter levado aos setores mais conservadores a proclamarem os mais diversos impropérios, como "daqui a pouco irão permitir o casamento com animais ou incestuoso" ou ainda, "se a homossexualidade for considerada normal, ninguém mais vai ter filhos".

É interessante o que essas colocações revelam: primeiro que há uma hierarquização daquilo que é considerado normal ou patológico e um crescente medo do ponto desagregador que o sexual traz consigo; segundo que há uma norma que subjetiva aos corpos ao ponto de alguns se submeterem a ela de forma irrefletida e a reproduzirem simplesmente por ser o que é o "normal".

O que é do campo do sexual ameaça a família, a diferença sexual e suas instituições e jurisdições. Aqueles que

---

239 Rubin, G. (1984) "Thinking Sex: notes for a radical theory of the politics of sexuality". In: Carole Vance (org) *Pleasure and Danger: exploring female sexuality*, Nova York: Routledge, p. 267-319.

temem os avanços das políticas sexuais acreditam que estas são capazes de levar a sociedade à instalação de uma zona de anomia.[240]

Decorre que o mesmo vale para aqueles que militam cegamente pela democracia, o fazendo através do paradigma liberal. Talvez, o casamento entre o capitalismo e a democracia, assim como o do mito do patriarcado com a diferença sexual – que também tem relação com o capitalismo –, tenham sido bem-sucedidos a ponto de carecer imaginação política para se pensar a democracia e a sexualidade desvinculadas de tais estruturas.

Segundo Butler,[241] a política não deve significar o conjunto de práticas promovidas e mantidas segundo o interesse de sujeitos prontos. O que significa dizer que, para Butler, há algo da norma que se faz presente na política, porém, esta não precisa necessariamente acarretar violências e exclusões: pode mudar tanto sua(s) forma(s) quanto seu(s) conteúdo(s).

O inumano atravessa a obra da autora em diferentes conceitos como abjeção, vulnerabilidade e precariedade. A autora define como política aquilo que viabiliza determinados modos de vida em detrimento de outros, portanto, a ação política é aquela que se engaja em inventar possibilidades de existência menos violentas para os corpos ininteligíveis e que vivem em condições de precariedade, a partir do reconhecimento do inumano.[242]

---

240 "efeitos de enfraquecimento das normas e das convenções tácitas reguladoras de expectativas mútuas que conduzem a uma degradação dos vínculos sociais" (Safatle, 2012, p. 8).

241 Butler, J. (1990/2010).

242 Butler, J. (2015/2018).

Sua teoria por vezes é mal interpretada segundo o paradigma liberal. Este busca isolar os corpos e aprisioná-los em suas individualidades, produz novas identidades e veicula propagandas que se referem aos sujeitos como "únicos", "especiais" e "merecedores" de um atendimento "personalizado" – a fim de obstaculizar a formação de um corpo político. Para Butler, não se trata de vender para os sujeitos que eles podem assumir a forma que bem quiserem: "A tarefa aqui não é celebrar toda e qualquer nova possibilidade *qua* de existência, mas redescrever as possibilidades que já existem, mas que existem dentro de domínios culturais apontados como culturalmente ininteligíveis e impossíveis".[243] É preciso destacar o fato de que aqueles que não são assimilados pela norma estão sujeitos à morte violenta.

Como a norma estaria, então, presente na concepção aqui apresentada? Neste ponto, diferem as *Políticas do Feminino* do tipo não-todo como suplemento e do tipo não-todo como negação. Na primeira, nega-se o todo, mas não de todo, algo do campo das normatividades do universal é tanto redescrito quanto preservado. Na segunda, nega-se o todo totalmente, nega-se o universal, o que, por consequência, indica uma nova configuração política fora da universalidade – fora do paradoxo da igualdade.

Para que haja, de fato, uma democracia plena é preciso repensar o que se entende por sujeito. Conforme demonstrado anteriormente, é devido ao interesse pela temática do sujeito a partir do sexual pela filosofia francesa contemporânea que é permitido atualmente – aos teóricos da Izquierda Lacaniana e em certa medida na presente proposta – refletir, através destas novas formulações sobre o sujeito,

---

[243] Butler, J. (1990/2010), p. 213.

a questão da democracia. A ideia deste ensaio é que para a democracia plena é preciso um sujeito não presumido pela identidade fixada na diferença sexual, mas sim, um sujeito feminino: indeterminado.

.este não é um projeto político para a psicanálise, e sim com a psicanálise

Como mencionado anteriormente, foram muitos os que tentaram um projeto político para a psicanálise. Isso inclui também projetos de uma psicanálise feminista e anticapitalista. Sobre a primeira tentativa, pode-se destacar Karen Horney e suas oposições ao modo como o feminino era concebido pela teoria freudiana.

Horney propõe uma revisão da teoria freudiana, à luz da psicologia e antropologia, sobre as concepções freudianas em relação ao feminino e as sexualidades. Para ela, a psicanálise estava imbuída de moralismos em decorrência de ter nascido em uma sociedade patriarcal. Segundo Adorno,[244] o projeto de Horney está em consonância com o capitalismo e produz uma perspectiva sobre o sujeito muito menos intrigante que aquela alcançada pela psicanálise.[245]

É preciso distinguir a psicologia da psicanálise através da concepção do sujeito como sujeito do inconsciente, dividido e indeterminado. O sujeito da psicologia é o sujeito autônomo, centrado e consciente, o que reduz a terapêutica a um instrumento de adaptação que intenta o melhor funcio-

---

[244] Adorno, T. (1977/2015).

[245] Dunker, C. (2015) Prefácio. In: Adorno, T. (1977/2015). *Ensaios sobre psicologia social e psicanálise;* Tradução de Verlaine Freitas. 1ª ed. São Paulo.

namento deste sujeito, como se não houvesse um mal-estar *social* por detrás de seu sofrimento. A psicologia, com suas promessas de bem-estar, trabalha para o Capital.

Para Safatle,[246] há um projeto moderno que instaura uma visão de homem para defendê-lo daquilo que Axel Honneth nomeou como sofrimento de indeterminação. Algo que faz parte de um programa político-terapêutico de normalização dos sujeitos através de uma perspectiva relacional e comunicacional, que muito difere da potência psicanalítica em compreender o sujeito em sua descontinuidade e indeterminação.

É preciosa a noção de extimidade para a psicanálise, pois ela implica a própria relação do sujeito com o Outro, que lhe é íntima e estranha. O analista deve estar à altura de seu tempo, portanto, não compete a ele ser guardião da moral e dos bons costumes, assim como não interessa a ele trazer um projeto político para a clínica – que pode remeter mais a uma questão do analista do que do analisando.

Decorre que um analista feminista é tão psicólogo na clínica quanto um analista machista. Há algo que impede a sua escuta e o faz ouvir ou através da dialética do senhor e escravo para o primeiro –, em que o enunciado do sujeito faz com que ele seja interpretado pelo analista como opressor ou oprimido –, ou pela diferença sexual, tentando reafirmá-la a qualquer custo ao analisando, no caso do segundo.

Entre os muitos problemas de se abraçar alguma posição do tipo, vale apontar para a introdução de uma questão moralizante na análise e para um ideal de fim de análise que

---

246 Safatle, V. P. (2012) *Grande Hotel Abismo: por uma reconstrução da teoria do reconhecimento.* São Paulo: Editora WMF Martins Fontes.

o analista conduz o analisando –, em última instância, a se identificar com os ideais do analista e com ele próprio.

Contudo, ao se referir à questão da extimidade, Lacan[247] insiste que o analista deve estar à altura de seu tempo: talvez, esta seja uma indicação valiosa para os analistas não adotarem a posição de conformistas, que é um eufemismo para a posição de derrotados.

Segundo Miller e os analistas da *École de la cause freudienne*, a psicanálise tem forte ligação com a democracia. Vale então questionar que democracia é essa: estarão eles defendendo – talvez inconscientemente – a democracia liberal?

Para Otoni,[248] há uma afinidade da Psicanálise com a Democracia que reside justamente em fazer valer o não-todo onde vigora a homogeneização do para-todos. A singularidade onde há anonimato, buscando trazer a divisão subjetiva onde os sujeitos se encontram radicalizados.

A psicanálise se posiciona contrária a qualquer regime totalitário e defende a pluralidade e liberdade de expressão: ideais últimos ligados ao liberalismo. Este é um ponto ao qual a psicanálise precisa se atentar enquanto objeto e prática ambíguos. De toda forma, é preciso que haja na clínica abertura para conteúdos emergirem fora de qualquer tipo de classificação ou policiamento ideológico sobre eles – não cabe ao analista o papel de pedagogo.

O não-todo tem um papel imprescindível na clínica por se constituir como aposta civilizatória. Ele pode ser inserido de modo a impedir que um sujeito seja soterrado com o peso de uma determinação. Há sujeitos cujo sofrimento psíquico se deve à insistência em se submeter a um ideal

---

[247] Lacan, J. (1959-1960/2008).

[248] Otoni, F. (2018) *Democracia e enunciação*. Editorial EPB.

e à impossibilidade de lograr assumir uma identidade. Ao mesmo tempo, há sujeitos que se sentem desamparados e que necessitam de identidades e nomes para se fazerem representar e construir um laço, sujeitos que precisam da ancoragem de alguma determinação.

Não cabe ao analista hierarquizar os sofrimentos. Permitir que as identidades e identificações admitam uma posição não-toda facilita maior trânsito subjetivo para aqueles muito submetidos ao apelo identitário. E consistir identificações e identidades pode ser uma saída pertinente para um sujeito precarizado e que carece do mínimo de substância para o seu ser.

Este é um projeto político *com* a psicanálise porque entende que é ela a teoria que subverte a reflexão sobre o sujeito, retirando-o dos moldes de racionalidade que sustentam as democracias liberais de hoje. É devido a essa perspectiva que é possível pensar em um projeto político para a construção de novos regimes de reconhecimento – não pautados na diferença sexual e na violência – e de uma democracia plena.

GLOSSÁRIO

1. Política do masculino: baseada no mito do patriarcado, suas consequências lógicas (e imaginárias) e cooptação pelo discurso capitalista. **Consequências lógicas:** é por haver um que excede à lei na figura do pai que é possível a formação de um conjunto/unidade em que todos são iguais (juridicamente e forçosamente) a partir da transmissão da identidade pai/homem, o que permite a construção de um universal fechado que, por haver uma exceção, sustenta a exclusão violenta de elementos que não se submetem ou não alcançam à homogeneização imposta. **Consequências imaginárias**: se apresenta como necessária e fundante da realidade social e se baseia em processos de exclusão ancorados na diferença sexual e na produção de identidades. É o que dá consistência imaginária ao corpo sexuado e ao corpo social. **Cooptação pelo discurso capitalista**: faz com que o mito do patriarcado sirva aos ideais burgueses de Liberdade, Igualdade e Fraternidade, em que a liberdade é reduzida ao comércio (inclusive de mulheres), a igualdade se dê sobre o paradoxo da exclusão institucionalizada dos diferentes e a fraternidade sustente a manutenção de laços de parentesco e familiares hierarquizados, cisnormativos, heterossexistas que faz prevalecer o laço homoerótico fraternal, unidade e coesão entre os iguais.

Diz respeito à gestão dos corpos e dos conflitos. Tal política reduz o Estado ao papel de mero gestor e o projeto democrático em um jogo cínico. O cinismo do jogo reside no fato de que o conflito está tanto previsto quanto institucionalizado nas democracias liberais.

A democracia liberal carrega os ideais burgueses da Revolução Francesa de Liberdade, Igualdade e Fraternidade. Estes se apoiam em uma lógica masculina e patriarcal. Aqueles que gozam de tais ideais o fazem mediante o paradoxo da igualdade que exclui, primeiro através da diferença sexual e depois através da manutenção e produção de outras diferenças. Corresponde aos modos institucionalizados de fazer política: partidos, sindicatos, política representativa, direito ao voto e controle social e a institucionalização da demanda para os movimentos sociais. Reduz a política à reivindicação querelante que atende caso seus efeitos não provoquem real mudança.

Força os movimentos sociais a se organizarem conforme as demandas de reconhecimento do Estado em torno de uma identidade, unidade e universalidade, engessando o seu fazer político no identitarismo. Política Identitária: força a adaptação daqueles que não gozam do status do humano a assumirem uma imagem próxima à figura abstrata do homem branco - cis,[249] heterossexual e normativo.

---

[249] O sujeito cis é aquele que se identifica com o gênero atribuído desde o seu nascimento. Essa designação surge a partir dos estudos *queer* e transfeministas como modo de nomear e apontar a suposta normalidade daqueles que melhor atendem à norma. A classificação é um pressuposto para a diferenciação e para o estudo de espécimes, portanto a nomeação "cis" permite um novo campo investigativo. Ao mesmo tempo, é uma denúncia do modo com que algumas feministas radicais reivindicam paradoxalmente

2. Política do feminino: baseada na inexistência do mito do matriarcado, suas consequências lógicas (e imaginárias) e afronta ao discurso capitalista. **Consequências lógicas**: é por não haver uma que excede à lei na figura da mãe que é impossível a formação de um conjunto/unidade em que todos são iguais (juridicamente e forçosamente) a partir da transmissão de qualquer identidade, o que permite a construção de um universal aberto que, por não haver uma exceção é contrária à exclusão violenta de elementos e à homogeneização, é a favor da diversidade, singularidade e invenção. **Consequências imaginárias**: se apresenta como a impossibilidade de tomar a diferença sexual como necessária e fundante da realidade social, pois aponta para o caráter ficcional da mesma, posto que há algo no sexual que não pode ser assimilado e reduzido à identidade. **Afronta ao discurso capitalista**: desmonta as imposições colocadas pelo Estado burguês e seus ideais para se fazer política desarticulando o pressuposto identitário baseado na diferença sexual para o reconhecimento e ação política, tal qual exigem. Parte da inexistência do mito do matriarcado e da transmissão da identidade mãe/mulher, ou seja, da indeterminação, para a ação política, rompendo com o ideal de liberdade, que assegura somente o co-

---

a categoria mulher e a defesa do gênero neutro. Para elas, seria impossível uma mulher cis, uma vez que ela se encontra sobre opressão. Porém, por detrás desse argumento, há disputas teóricas e políticas em que a insistência em designar as mulheres trans como trans, e não simplesmente como mulheres, serve a um projeto transexcludente no feminismo.

mércio, de igualdade, que visa à exclusão e de fraternidade, que visa à manutenção de laços de parentesco e familiares hierarquizados, cisnormativos, heterossexistas e que faz prevalecer o laço homoerótico fraternal de modo generificado e excludente.
Política de fato subversiva e transformadora que faz frente às exigências universalizantes e homogeneizantes da *Política do Masculino*. Política não-identitária com objetivo de desarticulação da identidade. Política que rompe com as exigências de reconhecimento do Estado em torno da diferença sexual e da constituição de um corpo político a partir de uma identidade para garantir uma unidade e universalidade. Política sexual anticapitalista que parte da indeterminação que há no feminino para a ação política.

2.1 NÃO-TODO COMO SUPLEMENTO: a política do feminino do tipo não-todo como suplemento é a que faz o uso contingente e provisório da identidade de acordo com as demandas em curso. Seu agrupamento se dá em formas de coalizão e de assembleias. Política horizontal, não-hierárquica, onde prevalece o trabalho em rede e ações táticas coordenadas de inspiração anarquista. Ela é suplementar à lógica masculina, pois é capaz de desestabilizar a universalidade e a norma via o uso estratégico da identidade. Nega o todo, mas não de todo. Faz frente ao universal, se serve das fissuras que provoca nele e o redescreve: é a política que força o reconhecimento por parte do Estado daquilo que não goza do status de humano.

2.2 NÃO-TODO COMO NEGAÇÃO: a política do feminino do tipo não-todo como negação é a que parte da negativa, da indeterminação e daquilo que para o Estado é monstruoso, por ser da ordem do sexual (e da não-diferença sexual). Seu agrupamento se dá na formação de um corpo amorfo, não-passível de ser reconhecido pelo Estado inicialmente e que põe em xeque o lugar do Estado como produtor de exclusões e violências. Assim como a política do feminino do tipo não-todo como suplemento, é uma política horizontal, não-hierárquica, onde prevalece o trabalho em rede e ações táticas coordenadas de inspiração anarquista. Ela é a negação da lógica masculina pois é capaz de romper com a universalidade e com a norma via a recusa estratégica à identidade. Nega o todo, totalmente. Faz ruptura ao universal e não se interessa por sua redescrição, mas por seu fim: é a política que questiona o lugar do Estado e suas exigências de reconhecimento.